문재현 강의록 ─────

마을에 배움의 길이 있다

공동체를 살리는 교육과정혁명

문재현 강의록

마을에 배움의 길이 있다

공동체를 살리는 교육과정혁명

초판 1쇄 발행 2015년 1월 13일
초판 3쇄 발행 2020년 9월 29일

지은이 문재현
펴낸이 김승희
펴낸곳 도서출판 살림터

기획 정광일
편집 조현주
북디자인 꼬리별

인쇄·제본 (주)신화프린팅
종이 월드페이퍼(주)

주소 서울시 양천구 목동동로 293, 22층 2215-1호
전화 02-3141-6553
팩스 02-3141-6555
출판등록 2008년 3월 18일 제313-1990-12호
이메일 gwang80@hanmail.net
블로그 http://blog.naver.com/dkffk1020

ISBN 978-89-94445-82-3 03370

문재현 강의록 ————

마을에 배움의 길이 있다

공동체를 살리는 교육과정혁명

살림터

돌이켜보면 내가 우리 사회의 교육문제에 심각한 문제의식을 갖게 된 몇 가지 계기가 있었다.

첫 번째는 초등학교 2학년 때 선생님에게 무시당했던 경험이었다.

한 선생님이 지나다가 나를 보고 "너 어디 사냐?"라고 묻길래 배오개 산다고 했더니, "배오개가 뭐냐? 죽전 1구지."라고 하셨다. 그래서 "그런 말은 편지봉투에나 쓰지, 우리 동네 사람들은 배오개, 웃말, 아랫말이라고 하는데요."라고 했다가 아주 많이 혼났다. 하지만 어린 마음에도 선생님이 왜 그러는지 이해할 수 없었다. 나와 내가 속한 우리 마을 사람들이 하는 말을 부정당하고 무시당하는 느낌 때문에 기분이 나빴다. 그것뿐만이 아니었다. 선생님들은 수업 시간에 마을 어른들을 시골 무지렁이라고 말하기도 했고, 동네 풍속은 미신이라고 비난하기 일쑤였다. 아이들과 항상 마을에서 뛰어다니면서 놀고 명절에는 여러 세대가 즐겁게 어울리는 경험 안에서 살아왔던 나는 선생님들의 그러한 태도와 말을 받아들일 수 없었다. 그러한 반감은 어른들에게 우리 동네의 땅이름, 역사, 동네 사람들 이야기를 묻고 탐색하는 계기가 되었다. 마을의 자연환경, 땅이름, 문화유산, 이야기, 각 성씨의 역사 등에 대한 자발적인 물음이 내 배움의 진정한 시작이었다.

두 번째 계기는 첫아이를 낳았을 때였다.

내가 어렸을 때는 마을이 아이들을 길렀다. 엄마가 1차 양육자이긴 했지만 갓난아기는 집안사람을 포함한 수십 명의 동네 어른들에게 둘러싸여 있었고, 그 못지않게 많은 언니 오빠들의 관심속에서 자랐다. 그 어른들은 이미 여러 아이를 길러본 경험이 있었다. 그런데 첫아이가 생기고 보니 우리 부부 외에는 아이를 보살필사람이 없었다. 아버지는 벌써 돌아가시고 어머니는 치매를 앓으셨다. 그래서 다른 사람들은 아이를 어떻게 기르나 살펴봤더니 주로 엄마가 육아를 전담해서 너무 힘들어 보였다. 아빠와 엄마가 함께 노력하지 않으면 육아는 고역일 수밖에 없다는 생각이 들었지만 막상 내가 어떻게 해야 할지 감이 잡히지 않았다. 그런데 임신 5개월쯤 되었을 때 언뜻 이런 생각이 떠올랐다. 내가 아빠로서 자장가 하나 불러줄 수 있을까 하는 고민이었다. 그래서 우리 문화 안에서 부모의 이런 고민을 해결할 수 있는 문화 장치를 찾아보았다. 그때부터 나는 자장가는 물론 아이들 놀이의 모든 것을 배우려는 마음에 할머니, 할아버지들을 찾아다녔다. 어머니한테 배우면 좋았을 텐데 어머니가 교통사고로 뇌를 다쳤기 때문에 우리 집의 문화유산을 복원할 수는 없었다. 어른들께 배울 때는 가사와 장단뿐만 아니라 표정, 호흡, 분위기 연출 능력을 그대로 따라 배우려고 노력했다. 놀이와 이야기 등은 민중들이 자신들의 집단 경험과 기억을 전달해온 매체이고, 이러한 말과 행동을 통한 전승 방식은 글을 통한 방식과 달리 당시 상황과 느낌까지 그대로 전달되기에 표정 하나하나가 우리 사회의 발달과정에서 쌓여온 빛나는 문화유산이기 때문이다.

이렇게 조사한 내용을 바탕으로 나는 아이들을 길렀다. 그 과정에서 몸짓과 표정, 말을 통한 소통 방식이야말로 아이가 세계를 향해 자신의 몸과 마음을 여는 통로일 뿐만 아니라 그러한 통로들을 확장하고 서로 함께하는 마음의 공간, 곧 상호주관성을 만드는 과정임을 알 수 있었다. 영아기의 상호작용이야말로 인간성을 형성하는 가장 심오한 과정이었다. 특히 한국의 문화는 유럽과는 달리 사물을 통한 놀이가 아니라 얼굴을 마주 보고 하는 상호작용 놀이가 중심이었다. 이러한 상호작용 놀이야말로 한국인의 관계 지향 문화를 설명할 수 있다는 깨달음도 얻었다.

세 번째 계기는 첫째 아이가 왕따를 당한 경험이었다.

아이를 돕기 위해 왕따 문화를 탐색하고 문제를 해결해가는 과정을 통해 요즘 아이들 세상을 이해할 수 있었다. 우리 때는 놀이가 너무 당연한 것이라서 그 중요성을 몰랐다. 왕따 문화를 연구하면서 놀이가 아이들 삶의 전부라는 것을 알게 되었다. 놀이를 잃은 아이들은 생명력의 원천을 잃은 것이나 마찬가지였다.

그런데도 한국의 왕따 문화의 원인과 그 해결 방법에 대한 연구는 아이들이 놓여 있는 상황과 관계없이 외국의 이론과 방법을 그대로 쓸 뿐 주체적인 연구는 없었다.

지금까지 우리 사회의 교육제도와 내용, 방법은 미국과 일본 것을 그대로 가져다가 우리 사회에 이식하는 것이었다. 우리 현실에 문제가 있을 때 그 문제의 해결을 위해 우리 역사를 살펴보고 내부에서 자원을 찾아가면서 서양의 제도와 학문을 수용하는 것이 아니라 우리의 삶이 잘못되었기 때문에 삶 자체를 서양의 것으로 바꿔야 한다는 것이 교육제도를 지탱하는 논리였다. 이는 우리 문화가 완전히 소멸했거나 현실에서 우리에게 영향을 미치지 않을 때는 가능한 방식일 수 있을 것이다. 그러나 문화는 좋은 것이든 나쁜 것이든 그렇게 쉽게 뿌리 뽑히지 않는다. 프랑스 사회학자 피에르 부르디외는 우리의 삶은 95%를 과거로 살고 있다고 했다. 우리 사회 역시 마찬가지다. 우리는 여전히 노래와 춤을 좋아하고 숟가락으로 밥을 먹으며 제사를 지내고 있고, 인간관계의 기본 윤리는 유교 원리에 의해 규정되고 있다. 문화는 단순히 책이나 유물로 존재하는 것이 아니라 언어, 몸짓, 표정, 예의범절 등 행동 습성이나 성향으로 우리 몸에 새겨지고 다양한 상황에서 행동 원리로 작용하기 때문에 누구도 그 사회의 문화로부터 자유로울 수 없다.

근대 기획으로 나타난 학교 문화는 또 다른 차원에서 우리 아이들의 삶을 규정하고 있다.

이는 학교에서 아이들이 보이는 행동만 봐도 알 수 있다. 질문하기를 부담스러워하는 모습, 신체검사를 당연시하는 태도, 공부를 누가 시켜서 하는 것이지 자기 삶의 필요로 느끼지 않는 의식이나 행동은 그 아이의 개인 문제가 아니라 식민지 상황과 군사 독재를 거치면서 우리 몸과 마음에 강제로 새겨졌다. 어떤 사람은 그러한 모습들은 제국주의 지배 이전부터 있었다고 말하지만, 이는 심각한 오해이다. 당시 대부분의 민중들은 비형식 교육을 통해 학습했고, 서당 교육이나 향교, 성균관 교육 등은 그렇게 일방적인 훈육 논리를 바탕으로 하지 않았다. 제국주의로 인해 평등한 문화 요소인 놀이 문화, 이야기 문화, 마을 공동체 문화 등이 후퇴하고 이 같은 수직적 문화 요소가 강화된 것은 생활 단위의 역동성을 담보하는 평등 문화가 제국주의 침략 세력과 독재정권의 지배에 도움이 되지 않았기 때문이다. 그 결과 식민지 지배세력의 의도 속에서 형성된 우리 교육은 자신의 문제를 스스로 해결하지 못하고 다른 사람에게 의존하는 사람들, 즉 식민지 인간형을 길러내는 장소가 되었다.

　우리 교육제도에 깊이 뿌리내린 식민성을 극복하려면 새로운 교육 이론과 교육 방법을 탐색해야 한다. 다행히 교육 민주화 운동을 통해 전교조를 비롯한 교육운동의 흐름이 형성되었는데 이러한 흐름은 혁신학교와 대안학교를 만들기 위한 실천으로 이어지고 있다. 과연 이러한 실천들로 식민성을 극복하고 있을까? 현재 대안학교나 혁신학교의 실천을 보면 슈타이너의 발도로프, 몬테소리 교육, 프레네 교육, 사토 마나부의 배움의 공동체 등 외국의 교육 프로그램에 의존한다. 여전히 진리의 원천은 선진국에 있고 우리는 그것을 따라 해야 한다는 논리를 벗어나지 못한 것이다. 그 방식도 외부의 권위에 의존해서 내부를 설득하는 식민지 학문과 교육의 특성을 벗어나지 못했다.

내가 생각할 때 다른 문화에서 만들어진 교육철학이나 프로그램을 받아들일 때는 몇 가지 조건을 고려해야 한다. 먼저 그 프로그램을 만든 사람이 누구인가 인물 분석이 필요하고, 그 프로그램이 과연 어떠한 문화 배경에서 어떤 요구를 바탕으로 형성된 것인지, 그리고 우리 사회에서 과연 어떤 의미를 가질 것인지를 검토해야 한다. 이 조건들을 검토하지 않는 일방적인 수용 방식은 새로운 듯하지만 사실은 식민지 학문이라는 낡은 모습을 벗어나지 못하는 것이다. 이러한 상황에서 우리 시대의 중요한 인문 실천의 과제는 스스로의 경험을 바탕으로 학문과 교육, 사회 구성의 대안을 제시하는 것이라고 나는 믿는다.

이 책은 내 삶의 경험, 의미, 가치와 충돌해왔던 학교에서 배운 지식과 분과 학문의 경계에서 이루어진 나의 탐색과 제안을 담고 있다. 이 글이 우리 삶에 근거한 이론 형성과 실천을 위한 씨앗이 되기를 바란다.

이 책을 내기까지는 함께 평화샘 모임을 진행해온 선생님들의 도움이 컸다. 내 이야기에 공감과 지지를 보내주었고 자기 경험을 드러내어 함께 토론하면서 서로의 인식을 확장할 수 있었기 때문이다. 이 책은 평화샘에 참가하는 선생님들을 대상으로 진행된 다섯 번에 걸친 강의를 정리한 것이다. 개별 강의 뒤에는 평화샘 선생님들이 내 강의를 듣고 떠오른 자기 경험을 글로 써서 덧붙였다. 그러한 글들이 부족한 내 글의 설득력을 채워줄 수 있었다. 이 과정에 함께 참여한 서영자, 김명신, 이명순, 신용대, 임오규, 김미자, 허정남, 최진숙, 신동명 선생님께 지면을 통해 마음에서 우러나는 고마움을 드린다. 마지막으로 이 책을 펴내는 데 도움을 주신 살림터 정광일 사장과 편집부 여러분에게도 고마운 인사를 드린다.

청주 수곡재에서

문재현

차례

1강

아이들 세상 이해하기

지난 6년 동안 우리 평화샘 연구 모임은 왕따 문제를 중심으로 아이들의 생활과 관련된 문제를 해결하기 위해 연구하고 실천했습니다. 그 과정에서 우리는 아이들이 어떻게 생활하는지, 얼마나 힘들고 무엇을 원하는지 알게 되었고 아이들을 도울 수 있는 방법을 찾을 수 있었습니다. 그 내용을 우리는 보살핌의 원이라고 정리했지요. 보살핌의 원은 아이들과 함께 공동체를 창조하는 것을 말합니다. 그런데 아이들과 함께 놀이를 하고 왕따 문제를 해결하면서 공동체의 가능성을 확인했지만 그것만으로는 부족하다는 것도 알 수 있었습니다. 지역사회와 부모, 아이들을 연결하고 통합할 수 있는 공동체의 속살을 채우는 것이 새로운 과제로 등장했기 때문입니다. 다시 말하면 문제를 해결하는 것도 중요하지만 일상 삶을 함께하면서 공통 감정과 공유 지식을 형성해가는 다양한 과정을 창조할 필요가 있습니다. 그것을 우리는 공동체를 살리는 교육과정,

즉 배움의 원이라고 정리했습니다.

오늘은 배움의 원에 대해 우리 평화샘 연구원들의 생각을 나누기 위해 모였습니다. 먼저 제가 다섯 차례 강의를 하고 질문과 토론을 거쳐 우리 입장을 정리할 것입니다. 이야기를 어디서부터 시작하는 것이 좋을까요? 사람들의 관심이 집중되어 있는 의제로부터 시작하는 것이 좋겠습니다. 현재 많은 혁신학교가 있고 이번에 13명의 진보 교육감이 당선되면서 그 흐름은 더욱 강해질 것입니다.

그래서 혁신학교를 주도하는 사람들은 이제 교육계에서는 상징권력을 가지게 되었습니다. 그러니 혁신을 추구하는 사람들이 만들어가는 교육과정과 학교 문화가 진정한 대안이 될 수 있는지 살펴볼 필요가 있습니다. 교육혁명은 작은 단위에서 인간관계의 변화가 일어날 때 시작됩니다. 교실과 유치원, 지역아동센터 등 아이들과 교사들이 만나는 지점에서 인간관계의 변화가 일어나야 합니다. 그러한 변화를 만들어낼 수 있는 학교는 적어도 다음과 같은 조건을 갖추고 있어야겠지요.

첫째, 교사와 학생들 간에 서로 소통하려는 의지와 능력, 둘째, 서로의 고통과 불안에 대해서 함께 공유하고 해결하려고 하는 같은 마음자리, 셋째, 함께 배우려는 의지, 분위기가 있어야 합니다. 이러한 학교는 부모와 교사들의 요구와 시선이 아니라 아이들의 요구와 권리, 경험이 교육과정과 일상생활에서 존중될 때 가능합니다. 그런데 제가 지난 몇 년간 혁신학교와 대안학교에 강의를 다니면서 느낀 바를 말하면 이러한 조건을 제대로 갖춘 곳을 찾기 힘들었다는 것입니다. 무엇보다도 아이들 세계를 잘 알지 못한다는 느낌을 받았습니다.

아이들과 교사, 새 세대와 기성세대가 좋은 관계를 맺으려면 아이들 세계를 잘 알아야 합니다. 아이들 세계를 이해할 수 있는 가장 중요한 통로는 놀이입니다. 놀이를 하는 아이들은 자신의 가능성과 한계를 그대로 드러냅니다. 어떤 아이들은 평소 자기 모습보다 몇 년 더 성장한 모습을 보여주기도 하고, 어떤 아이들은 퇴행하는 모습을 보여주기도 합니다. 요즘 아이들이 노는 모습을 자세히 살펴보면 우리가 어렸을 때 놀던 모습하고는 아주 많이 다르다는 것을 알 수 있습니다. 그래서 평화샘 프로젝트를 만들면서 가장 많은 관심을 기울였던 것이 요즘 아이들의 놀이 문화를 파악하는 것이었습니다.

우리 때와 다른 점은 먼저 놀이대장, 짱이 있어서 그 아이가 놀이에서 역할과 규칙을 정하고 다른 아이들은 일방적으로 따른다는 것입니다. 놀이대장으로 불리는 아이들은 유치원 때부터 아주 인기 있는 모습으로 어른들 눈에 비쳐집니다. 그 아이의 눈에 들지 않으면 놀이에 참여할 수 없기 때문에 아이들은 죽을힘을 다해서 그 아이의 마음을 얻기 위해 노력하게 됩니다. 그래서 인기는 다른 아이들을 배제시킬 수 있는 권력이 되었습니다.

또 하나의 문제는 그러한 권력 관계를 바탕으로 진행되는 괴롭힘이 놀이라는 이름으로 포장된다는 것입니다. 지난 몇 년간 일진 아이들을 중심으로 아이들에게 확산되고 있는 놀이 또는 이미 일반화된 놀이들을 조사해보았습니다.

- **인증샷 놀이** 얼굴에 낙서를 하거나 알몸 상태에서 동영상 및 사진을 찍어서 돌려 보는 놀이. 심하면 성매매 사이트 등에 올려서 원조교제를 하는 아이로 누명을 씌우고 소문을 냄.
- **동전 놀이** 동전에 구멍을 뚫은 후 낚싯줄을 매어 목 안에 밀어넣고 꺼내기를 반복하는 놀이.
- **기절 놀이** 숨을 참게 해놓고 목이나 가슴을 눌러 기절하게 한 후 뺨 등을 때리거나 물을 끼얹어서 깨우는 놀이.
- **수술 놀이** 칼 등으로 배, 팔, 다리 등을 그어 공포심을 조성하는 놀이. 칼빵이라고도 함.
- **사채놀이** 돈을 빌려주고 이자를 터무니없이 요구하며 갚지 않는다고 협박 또는 폭행함. 보기를 들어 500원을 빌려주고는 일주일에 이자가 천 원이라며 빚을 갚지 못할 경우 10원에 한 대씩 폭력을 휘두르기도 함.
- **로또 복권 놀이** 로또 복권을 만들어 팔아서 당첨되면 소원을 들어주거나 하루 노예가 되어 시키는 대로 하는 놀이. 비슷한 것으로 펫 놀이나 노예 놀이가 있음.

- **왕따 놀이** 같이 놀다가 한 아이를 왕따시키자고 하며 소외시키는 놀이. 놀이 과정에서 왕따를 만들 수 있는 위험한 놀이.
- **몰카 놀이** 텔레비전의 몰래 카메라를 모방한 놀이. 여러 아이들이 사전에 짜고 한 아이를 놀림감으로 삼아 놀린 뒤 '몰카였어'라고 하는 놀이. 아이들을 왕따시키거나 이간질할 때 주로 하는 놀이.
- **심기 놀이** 농구 점수 내기에서 진 사람이 골대 밑에서 공을 맞는 놀이. 선배가 진 경우는 대부분 맞지 않고 넘어가지만 후배나 서열이 낮은 아이는 피할 수 없음.
- **콜로세움** 일진 아이들이 서열이 낮은 아이들을 싸우도록 부추기고 강요하면서 평범한 아이들을 관람하게 만드는 검투사 놀이.
- **아바타 놀이** 서열이 높은 아이들이 서열이 낮은 아이들을 아바타로 지정하고, 뒤에서 팔목을 잡고 조정하며 대신 싸우게 하는 놀이.
- **쫄 게임** 주먹으로 때리는 시늉을 해서 상대방이 눈을 감거나 고개를 숙이는 등 움츠러들면 쫄았다고 하여 때리는 놀이.
- **셔틀 놀이** 빵, 우산, 스타킹, 숙제 등 강제 심부름을 시키는 것으로 와이파이 셔틀, 아르바이트 셔틀도 있음.
- **베이스볼 게임** 서열이 낮은 아이의 머리가 공이 되고, 다른 아이들의 주먹이 배트가 되어 야구를 하는 놀이. 팔로 방어할 수 있지만 막지 못할 경우 주먹으로 얼굴을 맞게 됨.

절대 용납될 수 없는 심각한 괴롭힘인데, 이것을 놀이 또는 장난이라고 합니다. "쟤, 따 시키자.", "떨구자.", "우리 왕따 놀이하자.", "티아라 놀이하자."라는 말로 시작되는 왕따 놀이는 아이들 세상을 얼룩지게 하는 가장 심각한 문제가 되었습니다.

축구를 잘하는 아이들이 승리를 위해 공을 독점하고, 역할을 정해주고, 잘못하거나 실수한 아이들을 비난할 수 있는 축구 또한 왕따 놀이와 함께 권력을 만들어내는 주된 통로입니다.

여자아이들에게는 파벌 형성이 남자아이들의 축구와 같은 역할을 하지요. 파벌은 괴롭힘을 당하지 않을 수 있는 안전판이 되기도 하지만 다른 아이들을 괴롭힐 수 있는 힘이 되기도 합니다. 여자아이들은 파벌 안팎에서 서로를 돌려가면서 왕따를 시키고, 그렇게 자신들의 삶을 나락으로 빠뜨립니다.

우리 사회에서 아이들의 왕따 문제는 "너랑 안 놀아.", "너랑 나랑 같이 놀 클래스냐?"라는 말로 나타납니다. 한마디로 봉건시대의 신분 논리가 아이들 세계에서 다시 나타난 것입니다. 아이들 세상에 존재하는 이러한 권력 관계는 봉건사회의 잔재나 부산물이 아니라 약자를 무시하고 공격하는 신자유주의 사회의 일상 풍경입니다.

그렇다면 혁신학교에서는 이러한 아이들의 문화를 제대로 파악하고 있을까요? 요즘 제가 혁신학교에 강의를 많이 갑니다. 혁신학교에서 강의를 할 때 제일 먼저 묻는 것이 아이들하고 어떻게 놀이를 하느냐는 것입니다. 그러면 자부심 넘치는 답변이 돌아옵니다. "우리는 아이들을 많이 놀게 해요. 80분 블록 수업을 하고 30분 놀이 시간이기 때문에 아이들이 놀 시간이 많거든요." 아이들의 놀이 시간이 많이 늘어난다는 것은 아주 중요한 전진이지요. 저도 그것을 부정하지는 않습니다. 하지만 아이들의 놀이 시간이 좀 더 늘어나는 것만으로 해결되지 않는 여러 가지 문제들이 있습니다. 그래서 저는 세 가지 질문을 다시 던집니다. 지금까지 이 세 가지 질문을 다 충족시키는 대안학교나 혁신학교는 없었습니다.

첫째, 우리 사회 왕따 문화의 본질은 '너랑 안 놀아'인데, "이 학교에서 다른 아이들하고 어울리지 못하는 아이들이 있느냐?"를 묻습니다. 물론 모든 학교에 그런 아이들은 있지요. 그렇게 어울리지 못하는 아이들은 10분 놀이할 때보다 30분 놀이할 때 훨씬 더 소외감이 클 텐데 여기에 대해서 생각해보셨습니까? 그러면 "그런 생각은 해본 적 없다."라는 반응이 대부분입니다.

둘째, "학기 초에 아이들 놀이를 살펴보면서 아이들의 놀이 문화와 권력 관계를 알아보려고 노력한 적이 있습니까?" 아이들이 자유롭게 놀이하는 모습을 일주일 정도 관찰하면 아이들 세상의 윤곽을 얼추 파악할 수 있습니다. 먼저, 놀이를 지배하는 아이를 발견할 수 있지요. 아무것도 안 하는데도 그 아이 주변으로 다른 애들이 모여들고 그 아이가 하자는 대로 분위기가 흘러가지요. 또 그 아이 주변을 쫓아다니면서 오른팔이 되려는 아이도 있습니다. 어떤 아이는 자기가 놀이를 주도하려고 다른 애들을 끌어들이는 노력을 하는데 별 관심을 못 받죠. 또 어떤 애들은 두세 명이 모여서 자기들끼리만 놀고 있고, 어떤 아이는 혼자 놀고 있지요. 이것이 요즘 아이들 세상의 윤곽이고 풍속도입니다. 이러한 풍속도를 잘 알아야 아이들을 도울 수 있는 교육 방침을 세울 수 있습니다. 놀이 관찰을 어떻게 할 것인지에 대하여 학교 차원에서 협의한 적이 있습니까? 지금까지 강의를 간 모든 대안학교와 혁신학교에서 그런 협의를 한 적이 없다는 대답을 들었습니다.

셋째, "교사들끼리 서로 몸과 마음을 열고 신명나게 놀아본 적이 있습니까?" 어떤 놀이 운동가는 놀이를 아이들의 밥이라고 주장합니다. 하지만 나는 놀이는 아이들만의 밥이 아니라 모든 사람들의 밥이라고 생각하지요. 함께 놀 때 즉 노래와 표정과 몸짓을 공유할 때 우리 마음은 서로 연결되고 같은 동아리로 받아들이게 됩니다. "생활 학문의 공동체를 추구하는 혁신학교에서 교사들이 협동적 연대를 하는 데 있어서 놀이만큼 쉬운 것이 없을 텐데, 이것을 실천하기 위해 고민한 적이 있습니까?"라는 질문에 "그렇다."라고 대답하는 사람이 없어요. 놀이는 애들끼리 하는 것이지, 어른들끼리 하는 것이라는 생각을 해보지 않았다는 것이죠. 다행인 것은 그래도 많은 교사들이 "배구만 하지 말고 그 시간을 자발적인 놀이 워크숍으로 만들어보자."라는 제안에 아주 좋은 반응을 보인다는 것입니다. 그런데 조금 나이를 먹은 교사들은 "우리가 놀아주

기까지 해야 하느냐."라고 불평하기도 합니다. 나는 이러한 불평이 부모 세대의 생활 경험을 반영하고 있다고 생각합니다.

옛날엔 놀이를 주도하는 사람이 누구였을까요? 언니, 오빠, 형이었죠. 언니, 오빠, 형은 늘 놀고 있고 그것이 동생들의 몸과 마음을 자석처럼 끌어당깁니다. 그들은 동생들한테 놀이를 가르쳐주고 잘 모르는데도 끼고 싶어 하면 깍두기 제도를 통해서 품 안으로 끌어들이지요. 이러한 모습이 마을마다 펼쳐졌으니 이 얼마나 훌륭한 복지 체계입니까? (웃음)

만약 지금 정부가 그러한 효과를 내기 위해서 모든 마을과 학교에 놀이 전문가를 배치한다면 수백만의 인력이 필요하겠지요. 그렇게 투자를 할 예산도 없겠지만, 설령 인력이 배치된다고 해서 옛날 아이들처럼 서로 보살펴주는 효과를 과연 되살릴 수 있을까요? 언니, 오빠, 형은 동생들을 놀이집단으로 묶어주기도 하고 문제가 생기면 해결해주기도 했습니다. 그야말로 공동체의 작은 지도자들이었습니다. 그런데 요즘 아이들은 그렇게 못해요. 왜냐하면 놀이를 모르니까. 우리 사회는 30대 초반을 기점으로 문화 경험이 달라집니다. 30대 중반 이상은 어렸을 때 놀이 경험이 풍부한 편이지만 30대 이전의 세대는 온몸으로 놀아본 경험이 별로 없는 세대입니다. 장난감, 컴퓨터 게임, 스마트폰 게임 등이 아이들이 경험한 놀이지요. 이러한 놀이는 자신을 넘어서 타인과 한 몸이 되는 경험을 쌓기가 힘들뿐더러 대상을 지배하려고 하는 심리 특성을 만들어낼 수 있습니다.

언니, 오빠, 형들이 놀이를 모르게 되면 동생들을 이끌 수 없습니다. 그러면 동생들이 잘 따를 리가 없습니다. 덤비게 되지요. 그러면 언니들은 동생들을 제압해야겠다는 욕구가 생깁니다. 그런데 혼자서 동생들을 제압할 수 없으니 선배들이 집단으로 대응할 것이고, 그것으로도 부족해서 후배들 가운데 선배들과 연결해서 영향력을 강화하려는 아이들을 찾아내어 양동생, 양언니(형) 관계를 맺습니다. 언니, 오빠, 형들하고 연결된 아이는 또래 아이들 속에서 권력을 갖게 되지요. 세대의 놀이 경험 상실이 일진 문화, 왕따 문화를 만들어내는 중요한 원인이 되는 것입니다.

놀이 문화의 상실과 동시에 전개된 것이 경쟁 교육의 강화입니다. 지금 50대 초반이 초·중등학교를 다닐 때만 해도 절대평가였지요. 80년대부터 상대평가로 바뀌었는데, 그때까지만 해도 아직 공동체 문화가 남아 있었기 때문에 문제가 덜 심각했지만, 80년대 중반 이후 공동체가 급속히 해체되면서 아이들의 인간관계에 심각한 영향을 미치게 됩니다. 옆에 있는 친구가 내 경쟁자, 적이 되는 것입니다. 우리 때는 같은 반에 있는 애들, 같은 동네 있는 애들을 괴롭히면 양아치 취급을 받았어요. 그래서 캡틴, 짱이라는 아이들이 다른 동네에 가서는 싸워도 같은 동네와 학교에 있는 아이들은 괴롭히지 않았지요. 그런데 요즘은 같은 반, 같은 동네 애들을 괴롭힙니다. 그래서 나는 왕따 문제의 근본 원인은 아이들 세계에 있는 것이 아니라 어른들이 만들어놓은 사회관계에 있다고 봅니다. 기업은 장난감, 교구, 컴퓨터 게임, 오락실, 놀이 공원, 스마트폰, 텔레비전의 연예·오락 프로그램 등을 통해 놀이가 아니라 소비를 강요합니다. 아이들은 놀이를 통해 자연과 사물, 사람을 대하는 감각을 계발하는 것이 아니라 놀이 본능을 대체하는 상품 소비 행위를 욕망하게 되지요. 이것이 바로 아이들 세상을 파괴하는 이 사회의 작동 방식입니다.

이런 상황에서 어른들이 놀이 문화를 다시 복원하지 않으면 누가 살릴 수 있을까요? 한 세대가 다음 세대에 이어줄 가장 중요한 문화유산이 놀이인데…….

어른들이 서로 공동체 구성원으로서 함께 놀 수 없다면 아이들이 공동체의 분위기와 감정, 인식을 어디서 배울 수 있을까요? 지금처럼 교사들이 개별화된 상태에서는 아이들에게 공동체를 가르칠 수 없습니다. 그런데 혁신학교조차 생활지도 문제에서 협력할 줄 모르고 개별 사건으로 대응합니다. 공동체를 만드는 데는 시간이 걸립니다. 그리고 그러한 시간은 교사들이 일상생활에서 협동을 만들어가는 기간입니다. 교사들이 협동할 수 있게 되면 교사와 아이들의 협동도 가능해지고 아이들도 즐거움 속에서 서로를 찾게 될 것입니다.

옛날에 아이들이 그렇게 놀 수 있었던 것은 어른들이 평생 관계를 맺고 있었을 뿐만 아니라 항상 놀이를 하고 있었기 때문이지요.

세시풍속에서 놀이가 가장 중요한 요소가 되고 있다는 것은 이를 증명하지요. 따라서 놀이는 생활지도와 교육과정 구성에 있어서 가장 중요한 바탕이 되어야 합니다.

아이들 세계를 알기 위해서 또 하나 중요한 것이 아이들이 가장 힘들어하는 문제를 아는 것입니다. 그래야만 도울 수 있기 때문이지요. 요즘 아이들이 가장 고통을 겪는 문제는 왕따 문제입니다. 따라서 이 문제를 제대로 이해하고 해결해야 아이들하고 연결될 수 있습니다. 그런데 우리가 만난 많은 혁신학교와 대안학교 선생님들의 반응은 왕따 문제를 통해 아이들 세상으로 들어갈 수 있다는 믿음을 가지고 있지 않은 것 같습니다.

"우리 학교는 일반 학교와 달라요. 사소한 문제가 있긴 하지만." 이게 기본적인 반응이에요. 사실 이런 이야기는 일반 학교에 가서도 종종 듣게 되지요. 우리가 지난번에 혁신학교인 경기도 한 초등학교에서 교사, 학생, 학부모 연수를 해봤어요. 그런데 반응들이 서로 제각각이었어요. 교사들은 "우리는 좀 다르다. 다른 데보다 사소하고 괜찮은 편이다."라는 입장이었지만, 부모들은 "여기도 관계가 심각하다. 교사들하고 관계 맺기는 여전히 어렵다."라는 반응이었습니다. 연구원이 학생들에게 "이 학교에는 왕따가 없나요?"라고 질문하자, "왕따가 없는 곳이 어디 있냐?"라는 반응이었지요. 그리고 역할극을 할 때도 아이들 사이의 권력 관계가 분명하게 드러났습니다.

　'쌍따'라는 말도 그곳에서 아이들에게 들었어요. 한 반에 두 명이 왕따를 당하면 쌍따라고 부른다는 것입니다. 이렇게 아이들의 고통과 불안을 외면하면서 과연 참된 교육이 가능할까요? 진정한 교육을 위해 필요한 인문학적 통찰은 타인의 고통과 불안을 정면으로 바라보고 해결을 위해 함께 연대하는 것을 자신의 기본적인 윤리로 받아들이는 것을 말하지요. 타인의 고통에 대한 공감이야말로 진정한 사유의 원천이고 학습의 원천이기 때문입니다. 그런데 아이들이 가장 힘들어하는 왕따 문제를 사소한 문제로 보는 인식 때문에 왕따 문제가 해결되지 못하는 것이지요. 생각해보면 우리가 왕따 문제를 해결하려고 할 때 가장 시큰둥한 반응을 보이는 곳이 바로 이름이 널리 알려진 혁신학교였어요. 그래서 앞으로는 그러한 학교들이 과연 일반 학교와 어떻게 다른 차이를 만들어가고 있는지에 대해서 연구를 진행해볼 생각입니다. 먼저 이름난 혁신학교들의 학교 폭력 실태조사 결과를 찾아보았더니 모든 학교에서 왕따, 집단 괴롭힘, 집단 폭행들을 확인할 수 있었습니다. 그런데도 어떤 혁신학교 교장선생님은 혁신학교를 통해서 학교 폭력 문제를 완전히 해결했다고 장담하더군요. 그러면 그 학교에서 왕따를 당한 학생들의 경험은 어떻게 되는 것입니까? 그 고통을 고통이 아니라고 어른들이 부정하는 것이지요. 그렇게 고통이 부정당하고 있는데 어떻게 보살핌이 가능할까요? 설령 그 학교에 왕따가 없다고 하더라도 문제는 남습니다. 요즘의 왕따 문제는 유치원부터 시작되는데, 유치원에서 경험한 아이들의 아픔은 어떻게 할 것이며 학원 또는 동네에서 겪고 있는 왕따는 어떻게 해야 할까요? 그 학교를 졸업하더라도 중학교에 가시는 다시 그 문제에 부딪치게 될 텐데요. 우리 아이들 세대 전체의 문제를 함께 해결할 수 있는 인식과 실천 과정이 있어야 진정한 혁신학교라고 이야기할 수 있지 않을까요?

보살핌에 대해 사토 마나부는 가장 미약한 목소리에 반응하는 것이라고 했어요. 그런데 저는 우리 사회 왕따 문제는 침묵의 목소리에 반응하는 것이어야 한다고 봐요. 아이들이 얘기할 수 없는 상황에서는 아이들의 표정과 몸짓, 어조에서 고통을 파악하고 도와줄 수 있는 힘을 어른들이 가지고 있어야 합니다. 교사가 왕따 문제에 대한 지식과 아이에 대한 관심, 상황에 대한 통찰력이 있을 때에만 아이들이 마음을 열고 도와달라는 말을 할 수 있습니다. 그러면 아이들 세상에 들어갈 수 있습니다. 아이들이 교사에 대한 믿음을 갖게 되기 때문이지요. 이러한 길을 외면하고 어떻게 공동체를 만들 수 있겠습니까. 물론 혁신학교가 일반 학교보다 문제가 더 있다는 것은 아니지요. 교사들이 아이들을 대하는 태도가 더 민주적일 가능성이 높고 교사들이 왕따 문제에 대한 인식을 공유한다면 해결할 수 있는 가능성도 더 크겠지요. 하지만 그 잠재력을 실현하기 위해서는 학교에 왕따가 있고, 이를 해결하지 않으면 진정한 교육이 불가능하다는 것에 대한 교사들의 합의와 문제 해결 과정에서 협동적 연대가 있어야 할 것입니다.

또 하나 아이들과 소통 관계를 만드는 데 있어서 중요한 것이 아이들이 살고 있는 장소와 인간관계에 접속하는 것입니다. 저는 어느 지역 강의를 가면 그 지역에 대한 공부를 하고 갑니다. 지형도, 지질도, 『신증동국여지승람』, 『조선왕조실록』, 『읍지』, 『호구총수』, 『여지도서』 등이 내가 읽고 가는 자료지요. 그런데 이전에 가본 적이 없는 곳이라면 그 지역을 파악하는 데 동네 사람들의 도움을 받아야 해요. 동네 사람의 도움을 받아야 동서남북이 어디인지, 주변에 산들이 어디에 있는지 감을 잡지요. 그래서 학교 주변의 산줄기, 물줄기, 지역의 중요한 특산물 등에 대한 질문을 하는데 제대로 된 답변을 들어본 적이 없어요. 그래서 지금 학교 교육과정은 나, 가정, 동네에서 시작해서 시·군으로 확장하게 되어 있는데, 지역에 대해 모르면서 어떻게 교육과정의 재구성이 가능하냐는 질문을 해보았습니다. 그러면 "나는 이 동네 사람이 아니다.", "나는 3, 4학년 선생이 아니고 5, 6학년을 가르치고 있다. 그것은 3, 4학년에 나온다."라는 답변이 돌아옵니다. 그래서 5, 6학년 교육과정은 1~4학년에서 배운 과정을 제대로 이해할 때 가능하다고 말하면, 가만있는 교사들도 많지만 "나는 이 동네 사람이 아닌데 왜 그런 것까지 알아야 하냐?"라며 짜증을 내는 교사들도 많아요.

몇 년 전 한 중학교에서 수업 혁신 프로그램을 참관한 적이 있습니다. 물론 그 프로그램을 진행하는 교수와 학교의 동의를 받고서 갔습니다. 수업이 끝난 후 교사들과 논의하는 시간에 "이 동네에서 가장 잘 알려진 산이 어떤 산입니까?"라고 물었더니 백암산이라는 답이 돌아오더군요. 그래서 "백암산은 어떤 돌로 된 산일까요? 왜 흰 백 자가 붙었을까요?" 하고 물으니 대답을 못해요. 과학 선생님조차도……. "흰 돌은 규암이나 응회암이나 유문암일 텐데 그럼 여기는 어떤 암석으로 된 산들일까요?"라고 다시 물으니 역시 대답을 못해요. "저런 모양으로 동글동글 가파른 경사를 이루면서 흘러내리는 돌은 유문암입니다. 유문암질 마그마는 석영이 많기 때문에 흘러내릴 때 천천히 흘러내려서 모양이 저렇습니다."라고 얘기하니까 교사들이 그제야 고개를 끄덕여요. 아이들이 사는 마을에 대해서 교사들이 공부도 하고 방문도 해보느냐고 물으니 아니라고 하면서 관심을 보였어요. 그런데 수업 혁신 프로그램을 주관하던 교수가 "그렇게 하면 교사들이 너무 힘들지 않으냐."라고 말했어요. 그런데 우리들의 경험은 어떻습니까? 교사들과 함께 마을 공부를 할 때 단 한 번의 경험만으로도 놀랍다, 참 재미있다, 더 공부하고 싶다는 반응을 경험하고 있지 않나요? (네!)

아이들은 자신이 살아가는 장소에 대해 이야기하는 것을 좋아합니다. 자신이 존중받는 느낌을 가지게 되기 때문이지요. 특히 시골에 사는 아이들은 자기가 살고 있는 곳에 대한 애정이 없어요.

자신이 살고 있는 공간과 사람 관계를 사랑하도록 배우는 것이 아니라 부정하고 무시하도록 배우고 있기 때문이지요. 그런데 교사가 자신들이 살고 있는 장소에 대해 관심을 가지고 탐구한다면 어떤 변화가 생길까요? 아이들의 자부심이 높아질 것이고 아이들과 좋은 관계를 맺을 수 있는 가능성은 그만큼 높아질 것입니다.

아동 발달의 측면에서도 중요하지요. 아이들의 세상은 작은 데서 시작해서 좀 더 큰 세상으로 확장되지요. 영아기에는 엄마의 품, 가족의 무릎 사이가 세계입니다. 좀 더 자라면 유치원과 집 앞 골목으로 확장되고, 초등학교에 가면 학교와 동네로 세계가 확장됩니다. 아이들하고 관계를 맺으려면 아이들의 생활 세계에 발을 내딛고 역동적으로 상호작용을 해야 합니다. 의미는 관계로부터 나오고 관계는 우리가 나의 가족, 이웃, 그 바탕이 되는 자연환경, 문화 환경과 깊이 있게 교류하는 데서부터 맺어지기 때문입니다. 따라서 교사가 지역사회에 참가하는 것은 아동 발달 단계에 적합한 실천입니다. 그런데도 혁신학교에서 이러한 지역화에 대한 인식이 부족하다면 이것을 어떻게 봐야 할까요?

이 정도가 되면 이제 우리는 혁신교육이 뭔지, 대안 교육과정이 뭔지 다시 한 번 생각해봐야 하지 않을까요? 지식에 대한 근본적 검토 없이 수업 혁신만 얘기하는 것은 현재의 상황에서는 지배적인 교육과정에 대한 자발적 수용 또는 자기 착취가 될 수 있는 위험이 내재되어 있다는 것을 깊이 인식할 필요가 있습니다.

통합 교육이라는 측면에서 보면 현재의 교육과정이 혁신학교 교사들의 실천을 넘어서고 있는 것도 문제입니다. 예를 들어 초등학교 1, 2학년 교육과정을 보면 창의적 체험활동, 국어, 수학, 통합 교과로 구성되어 있지요. 국어, 수학이 통합되지 않는 것이 이상하고, 창의적 체험활동은 통합 교육을 더 잘하라는 것이기 때문에 결국 통합 교과 하나라고 봐도 무방합니다. 그 안에서 다루는 내용은 나, 집, 이웃, 마을, 계절 감각이지요. 다시 말하면 현재 1, 2학년 교육과정은 동네 공부하라는 것이고, 3, 4학년은 지역을 기반으로 공부하라는 것이지요. 이러한 내용은 부모와 아이, 교사가 함께 공동체에 뿌리를 내리고 상호작용할 때만 가능한 교육과정입니다.

교육과정에 이러한 잠재력이 있음에도 왜 그것이 실현될 수 없을까요? 현재 교육과정을 만들고 운영하는 과정에 심각한 문제가 있기 때문입니다. 교사와 지역사회, 부모가 함께 협력을 해야만 가능한, 즉 지역사회의 교육력이 있어야만 하는 교육과정을 교사한테만 가르치라고 하죠. 게다가 교사가 스스로 자원을 찾고 사람 관계를 맺어가면서 자기 교육력을 높일 때만 진정한 교육이 가능할 텐데, 교과서와 교사용 지도서 꾸러미를 던져주면서 가르치게 해요. 이것은 교사들의 힘을 빼앗아버리는 것과 마찬가지입니다.

그런데 교사들에게 지역 공부를 해보자고 하면 좋은 반응들이 아니에요. 마을 만들기를 하는 사람들한테 그 지역에 대해 공부하는 모임을 만들자고 하면, 저마다 "좋아요. 기대돼요." 하는 반응입니다. 그런데 혁신학교 선생님들은 방금 전에 이야기했던 것처럼 "내가 거기까지 해야 하느냐?" 하는 반응이에요. 그래서 한번은 그런 반응을 보이는 선생님들한테 진지하게 질문을 한 적이 있습니다. 마침 그 선생님은 한 달 동안 유럽을 여행하고 온 분이었어요. "유럽 여행을 가기 전에 무엇을 했냐?"라고 물었어요. 그랬더니 그 지역에 대해 공부를 많이 했다고 하더군요. 그런데도 부족함을 많이 느꼈다고 하면서요. 그래서 다시 물었습니다. "그런데 왜 자기가 살고 있는 곳, 자기가 아이들을 가르치는 고장에 대해서는 단 한 시간도 공부하는 마음을 내기가 어려울까요? 자기가 살고 있는 동네를 잘 모르는 것을 당연하게 받아들이는 사고가 언제부터 생겨났을까요? 이 모든 것이 식민지 교육, 즉 자신을 부정하는 교육을 받아왔기 때문에 생긴 문제가 아닐까요?" 모두 무거운 얼굴로 침묵하고 있었지요.

지금까지 얘기한 세 가지가 우리가 아이들 세상을 이해할 수 있는 통로입니다.

이 세 가지를 벗어나서 또 다른 방법이 있을 수 있을까요? 잘 아시는 것처럼 어떤 분은 수업을 통해 아이 세상을 이해하는 것이 가능하다고 말하지요. 수업 시간에 한 아이를 정해서 여러 교사들이 집중해서 살펴보면 그 아이에 대한 깊은 이해를 할 수 있다는 생각입니다. 물론 어느 정도는 가능할 거예요. 한 아이를 교사들이 함께 관찰하고 그 아이가 왜 그런 모습을 보이는지 꾸준히 이야기하면 그 아이를 이해하는 데 많은 도움이 되겠지요. 하지만 내 상식으로는 고개를 갸우뚱할 수밖에 없어요. 아이들이 과연 수업 시간에 얼마나 자기를 개방할까요? 또 개방한다고 해서 아이들의 인간관계를 변화시킬 수 있을까요? 이러한 질문에 답변할 수 없다면 아이 세상 이해하기가 어려울 것입니다.

이러한 문제가 생기는 원인은 혁신교육과 대안교육이 식민성을 벗어나지 못하고 있기 때문이라고 나는 판단합니다. 어떤 문제가 있을 때 우리 역사를 살펴보고 내부에서 자원을 찾아가면서 해결하는 것이 아니라 서양의 제도와 학문을 그대로 가져와서 받아들이는 것이 현대 학문과 교육의 문제였습니다. 그런데 이러한 제도교육에 대한 비판에서 출발한 대안교육 운동과 혁신학교 운동이 외국의 대안교육 이론과 사례를 탈맥락적으로 우리 사회에 적용하려고 하고 있는 것이지요.

예전에는 보수적인 모델을 가지고 왔다면 이제는 나름대로 진보적인 모델을 가지고 온다는 차이가 있기는 하지요. 하지만 자기 사회의 경험과 연구를 바탕으로 이론과 사상을 만들지 못하는 것은 어차피 마찬가지입니다. 보기를 들면 사토 마나부의 배움의 공동체가 그렇습니다. 사토 마나부는 공부를 할 때 조용하고 차분한 분위기를 강조하지요. 일본인들은 어렸을 때부터 남에게 폐를 끼치지 말라는 말을 자주 들었기 때문에 그럴 수 있을 거예요. 그런데 우리 사회도 그럴까요?

제가 지금까지 경험해온 최고의 학습 분위기는 아주 조용한 분위기가 아니에요. 누구나 자기 이야기를 하는 것 같은데도 이상하게 서로 존중하고 수용하는 그런 분위기였어요. 잘 생각해보세요. 교실에서 서로 가르치고 배움이 일어나는 장면이 어떤 분위기였는지……. 왁자지껄 활발하게 상호작용이 일어나면서 서로를 수용하는 분위기. (맞아요.) 그런 순간이 최고의 학습이 일어나는 장면이 아닌가요? 게다가 사토 마나부는 마음속에 제국주의를 가지고 있는 것이 아닌지 의심이 들기도 합니다. 한국이나 제3세계에서 자기 이론과 실천을 받아들일 거라고 생각도 못했다고 하지요. 자신의 프로그램은 그것을 수용할 수 있는 생활 경험과 사회문화 수준을 가지고 있는 유럽이나 미국일 거라고 생각했는데, 한국이나 중국에서 반응이 좋아서 놀랐다고 하지요. 또 사토 마나부가 일본 사회의 극우화와 관련해서 어떤 발언을 했다는 얘기를 들어본 적이 없습니다. 더 큰 문제는 사토 마나부의 이론과 사상을 수용하는 사람들이 사토 마나부가 일본 문화에 정통하듯이 우리 문화에도 정통한지 물을 때 자신 있게 대답할 수 있을까요? 또한 사토 마나부의 실천이 이 시대의 과제인 지속가능성, 제국주의에 대한 반대, 평등과 나눔에 관한 철학을 밑바탕에 깔고 있는지, 근대 학교제도와 분과 학문의 한계를 벗어날 수 있는지에 대해서도 항상 물음표를 가지고 있어요.

자, 그러면 이제 우리는 그런 얘기를 해야 하는 거지요. 근대 교육의 한계, 지식의 본질, 새로운 교육이 어떠해야 하는지에 대한 내용들을 검토해야 교육혁명이 어떻게 가능한지, 학교 교육의 변화를 어떻게 이루어낼 수 있는지에 대한 우리의 대안을 이야기할 수 있겠지요.

강의를
듣고

놀이로 아이 세상 들어가기

서영자

강의를 들으면서 공감되는 부분도 있었지만 그렇지 않은 내용도 있었다.

나도 어렸을 때 동네에서 언니, 오빠, 동생들이 같이 놀았다. 숨바꼭질이나 구슬치기, 자치기, 나비옥자, 오징어놀이 등을 밤늦게까지 해서 이집 저집 엄마들이 여러 번 불러야 하나둘씩 집으로 들어가면서 놀이가 끝났던 기억이 또렷하다. 놀이를 잘하는 언니나 동생, 또래 친구는 있었지만 대장은 떠오르지 않는다. 나는 대체로 놀이를 잘 못하는 편이었는데, 그렇다고 나를 무시하거나 끼워주지 않는 일은 없었다. 놀이의 시작은 누군가가 팔뚝을 높이 든 채 엄지손가락을 치켜들고 "숨바꼭질 할 사람, 여기 여기 붙어라!"라고 하면 여기저기에서 아이들이 달려오며 "나도!", "나도!" 하면서 그 엄지손가락을 잡기만 하면 되었다. 아이들은 더 없는지를 서로 몇 번씩 묻고, 할 사람이 다 모이면 가위바위보를 해서 술래를 정하거나 손바닥을 위아래로 뒤집으면서 편을 갈랐다. 짝이 안 맞으면 주로 동생이나 실력이 부족한 아이들이 깍두기가 되었다. 술래나 편이 정해지고 나면 그다음부터는 놀이 규칙에 따라 술술 풀려나갔다. 놀이에 대한 설명을 들은 기억도 잘 나지 않는다. 언니, 오빠들이 노는 것을 보면서 규칙은 이미 다 익혔기 때문에 설명이 필요하지 않았던 것 같다. 학교에서 친구들과 노는 것도 다르지 않았다.

그런데 놀이대장이라니! 그 놀이대장이 역할도 규칙도 마음대로 정한다는 것은 상상이 되지를 않았다. 그렇게 하고 어떻게 놀이가 되는지.

선생으로 18년을 살아오면서 아이들 사이에 인기 있는 아이가 두루 영향력을 가지고 있는 줄은 알았지만 그런 정도로까지 생각하지 못했다. 그래서 아이들 놀이를 주의 깊게 관찰해보기로 했다.

일주일쯤 지난 어느 날이었다. 점심시간에 런닝맨 놀이를 하던 남자아이들 4명이 볼이 부은 채 교실에 들어왔다. 나는 무슨 일인지 물었다.

"형진이가 자꾸 저만 술래를 시켜요."

"속상하겠는걸. 그런데 왜 계속 네가 술래가 된 거야?"

"형진이가 그렇게 하라고 해서요."

이해가 되지 않아 형진이를 보고 왜 그랬는지 물었다. 형진이는 당연하다는 듯이 대답했다.

"제가 이번에 대장이니까요."

문 소장님이 말한 놀이대장이 바로 이런 건가 하는 생각에 아이들에게 다시 물었다.

"대장이라는 게 뭐야? 난 처음 듣는데. 대장은 누가 어떻게 해서 되는 거야?"

"그냥 놀이하자고 말한 사람이 대장이 되는 거예요. 시킴이라고도 해요."

"대장은 뭘 할 수 있는데?"

형진이가 대답했다.

"누구 시켜주고, 뭐 하라고 정해주고."

놀이에 참여할 수 있는 자격과 역할을 부여해준다는 것이었다. 말로만 듣던 놀이대장이라는 걸 직접 확인하자 놀랍기도 하고, 궁금한 것이 자꾸 생겨났다.

"그럼 아무나 대장이 될 수 있는 거야?"

"네."

"너희도 다 대장 해봤어?"

형진이를 제외한 3명의 아이들은 고개를 저었다.

"김진희나 박경훈 같은 애들이 주로 대장을 해요. 다른 애들은 잘 안 해요."

"왜 그 애들만 주로 하고 다른 사람은 안 해?"

아이들은 서로 얼굴만 쳐다보고 말을 못했다. 생각해보지 않았다는 듯이……. 진희는 공부를 잘하면서 남자아이들과 자주 노는 편이고, 경훈이는 공부도 운동도 잘해서 남자애들이 많이 따르는 아이였다. 주로 공부나 운동을 잘하고, 인기 있는 아이들이 놀이대장이 된다는 것을 확인하였디. 이렀을 때 나는 놀이를 못하는 편이지만 나 역시 "오징어놀이 할 사람 여기 붙어라!"를 했던 기억이 난다. 잘하는 아이만 독점하는 것이 아니었는데, 요즘 아이들은 놀이에서도 센 아이들이 독점하고 있었다.

"그런 대장이 있는 놀이는 어떻게 하게 되었어?"

"합기도에서 놀 때 그렇게 했어요. 그때는 경훈이나 영민이가 대장을 했어요."

"그럼 어떤 놀이에서 대장이 생겨? 선생님이 어렸을 때는 그런 거 없었는데……."

"런닝맨이나 좀비(술래잡기 일종), 경도('경찰과 도둑'이라는 술래잡기) 같은 거 할 때요."

재진이가 말했다.

"사방치기 같은 거 할 때는 그런 거 안 해요. 저는 대장 있는 놀이는 잘 안 해요."

아이들 세상을 이해하기 위해서 아이들 놀이 문화를 파악하는 것이 얼마나 중요한 것인지 새삼 느끼게 되었다. 내가 어렸을 때는 놀이대장 같은 것이 없어서 강의만 듣고는 실감하지 못했는데, 지금은 어떤 아이들이 놀이대장이 되어 마음대로 한다는 것 자체가 아이들 사회에 심각한 권력관계가 발생하고 있다는 것을 말해주는 것이기 때문이었다. 우리나라의 왕따 문제는 "너랑 안 놀아." 또는 "너는 이거 해."라는 것이 핵심이라는 생각에 이 문제를 해결하는 것이 아주 중요하다고 생각해서 아이들과 토론을 하기로 했다.

"놀이대장이 있어서 속상했던 일이 있으면 이야기를 해볼까?"

"나도 같이 놀고 싶은데 짝이 안 맞다고 안 시켜줄 때요."

"나도 첩자 역할 같이하고 싶은데 안 시켜줘서 기분 나빴어요."

아이들은 고개를 끄덕이거나 "맞아요.", "나도 그런 적 있어요." 하며 동조하였다. 이번에는 놀이대장이 없으면 어떤 문제가 있을지 아이들에게 물었다. 진우가 고개를 갸우뚱거리며 물었다.

"새로 놀이에 끼고 싶은 아이가 있을 때는 어떻게 해요?"

그 질문을 아이들에게 돌려보았다.

"그럴 때는 어떻게 하면 좋을까?"

아이들은 잘 생각이 나지 않는지 대답을 못했다. 하는 수 없이 내 경험을 떠올려가며 제안했다.

"놀이를 잠깐 멈추고 모두에게 서로 알리면 어떨까?"

경훈이가 반론을 제기했다.

"그건 그래도 될 것 같은데요. 짝이 안 맞으면 불공평해요."

"놀이를 하고 싶은 사람이 있으면 짝을 맞춰 오라고 하면 되지 않을까?"

"그래도 짝이 안 맞으면 어떻게 해요?"

이번에는 윤철이가 물었다. 다른 아이들도 눈을 동그랗게 뜨고 나를 쳐다보았다. 나는 아이들을 다 둘러보고 입을 떼었다.

"음, 선생님이 어렸을 때는 깍두기라는 게 있었어."

칠판에 깍두기라고 썼다. 아이들은 그 말이 재미있다는 듯이 웃으며 말을 되뇌었다.

"깍두기는 짝이 안 맞을 때 양편에 다 참여하는 사람을 말해. 보통은 동생들이 하고 싶어 하면 깍두기로 시켜주거나 아주 잘하는 친구가 있어서 그 아이가 어느 편이냐에 따라 승부가 확실히 정해질 때 그 아이가 깍두기가 되어 양쪽 편을 다 돕기도 했어. 이런 깍두기 제도를 활용해보면 어떨까?"

아이들은 호기심 반 기대 반의 표정으로 그러겠다고 대답했다. 이어서 나는 아이들에게 물었다.

"이렇게 하면 놀이대장이 필요할까?"

"아니요."

"앞으로는 놀이대장 같은 거 안 해야겠어요."

속상했던 경험이 있기 때문에 아이들이 내 제안을 선뜻 받아들인 것 같지만 막상 현실로 닥치면 당황할 것이라는 생각이 들어서 연습을 해보자고 제안했다. 놀이에 참여하고 싶을 때 어떻게 해야 할지 짝과 역할을 정해서 연습해보았다.

A "나도 하고 싶어. 같이하자."

B "짝이 안 맞으니까 같이할 사람을 데려와."

"깍두기로 같이하자."

아이들은 좀 쑥스러운 듯 서로 역할을 번갈아가면서 해보고 나서는 더 자신 있는 표정으로 해보겠다고 했다.

그 후 며칠간 아이들의 놀이를 살펴봤는데 놀이대장 때문에 문제가 생기는 일은 더 이상 없었다. 이 일을 계기로 교사가 아이들 세계를 항상 관찰해야 하는 이유를, 그리고 그럴 때에만 아이들 세계로 들어갈 수 있다는 것을 새삼 깨달았다.

위대한 복지 체계, 깍두기

김명신

"술래잡기할 사람 여기 여기 붙어라."

"나."

"나도."

언니들이 엄지손가락을 치켜들고 소리 높여 외치면 너도나도 그 엄지손가락에 가서 붙었다.

"짝이 안 맞네. 그럼 너는 깍두기해."

언니랑 두 살 터울인 나는 어릴 때부터 언니를 따라다니면서 많이 놀았다. 언니들 틈에서 나는 깍두기를 자주 했던 것 같다. 어릴 때는 깍두기를 하는 게 너무너무 좋았다. 이쪽 팀에서 죽어도 다른 팀에서 또 할 수 있기 때문이다. 그렇게 몇 번 깍두기를 하고 나면 자연스럽게 놀이의 규칙이나 못하던 고무줄놀이도 빨리 익힐 수 있었다. 그래서 어느 정도 놀이가 익숙해지면 깍두기는 나보다 더 못하는 아이에게 돌아가거나 아니면 제일 잘하는 사람에게 돌아갔다.

그렇게 동네에서 언니, 오빠들은 깍두기로 양쪽 팀의 균형을 맞추어 갈등이 일어나지 않도록 했던 것 같다. 그런 깍두기 문화는 학교에서도 마찬가지로 이어졌다. 예전에도 놀이를 하면서 갈등을 일으키는 아이들이 없는 건 아니었다. 이럴 땐 선배들이 그런 아이들을 제지해주고, 갈등이 심해지지 않도록 해결해주었다. 또한 부모들이 서로 아는 관계가 대부분이었기 때문에 큰 문제는 생기지 않았다.

강의를 들으면서 깍두기가 위대한 복지 체계라고 하는 말에 처음에는 그렇게 크게 공감하지 못했었다. 그러나 아이들의 놀이를 관찰할수록 그 말에 깊게 공감이 되었다.

"선생님, 지선이가 짝이 없다고 저는 하지 말래요."

"아니에요. 저는 짝이 없으니까 영주한테 짝할 사람을 데려오라고 했어요."

지선이가 억울한 듯이 말했다.

"그래서 다른 아이들한테 비석치기 할 거냐고 물어봤는데, 아무도 안 한대요. 그래도 하고 싶어서 나도 할 거라고 했더니 지선이가 짝이 없으면 안 된다고 했어요."

영주는 끝내 눈물을 터뜨렸다. 지선이와 같이 비석치기를 했던 아이들은 그제야 관심을 보이며 다가왔다.

"그런데 왜 지선이는 영주한테 그런 말을 했어? 그리고 다른 친구들은 왜 가만히 있었어?"

그러자 영주가 손등으로 눈물을 훔치며 말했다.

"혜지한테 이야기했는데, 혜지가 지선이한테 이야기하라고 했어요."

"혜지는 왜 그랬어?"

"지선이가 제일 처음 비석치기를 하자고 했거든요."

아이들은 처음에 놀이를 하자고 제안한 사람이 마음대로 할 수 있는 권리가 있다고 생각하는 것 같았다. 이 문제에 대한 원칙을 같이 정하지 않으면 매번 이런 문제로 상처받고 우는 아이가 생기고, 새로운 권력관계가 생길 수 있겠다는 생각에 놀이를 중지시키고 학급 아이들과 함께 이야기를 했다.

"놀이를 할 때 짝이 안 맞으면 같이 놀이를 할 수 없을까?"

"짝할 사람을 데려오면 되요."

"짝할 사람이 없으면 어떻게 해?"

내 이야기에 아이들은 고개를 갸우뚱거리며 고민을 했다.

"축구할 때처럼 사람이 적은 팀이 한 번 더하게 해줘요."

철민이가 문득 떠오른 듯 손을 번쩍 들어 큰 목소리로 이야기를 했다.

"그래, 그것도 괜찮을 것 같아. 그런데 선생님이 어릴 때는 이런 것도 있었어. 깍두기라고. 짝이 안 맞으면 이쪽 팀도 하고, 저쪽 팀도 하는 거야. 동생들이랑 같이할 때 보통 동생들을 깍두기 시켜주거나 제일 잘하는 사람을 깍두기 시켜서 한쪽 팀만 유리하지 않게 했어. 깍두기를 해도 될 것 같아. 지금 여기서는 영주가 비석치기를 제일 잘하니까 영주가 깍두기를 해도 좋을 것 같은데, 어때?"

"네, 좋아요."

아이들은 흔쾌히 대답을 했다. 나는 아이들이 잘 이해를 했는지 궁금하기도 하고 걱정도 되어서 그날부터 며칠간 아이들의 놀이를 주의 깊게 지켜보았다.

"비석치기 할 사람~."

"나 할래."

"나도."

비석치기에 푹 빠져 있는 혜지가 비석치기 할 사람을 모으자, 영주와 철민, 은서, 유미가 얼른 대답을 하며 혜지에게로 달려갔다.

"근데 짝이 안 맞아. 어떻게 하지?"

혜지가 곤란한 듯 말했다.

"그거 있잖아, 깍두기. 내가 깍두기를 할게."

영주가 새삼 확인하듯 말했다.

"좋아."

다른 아이들도 환한 웃음으로 동의를 했다.

"근데, 다른 사람이 깍두기 하고 싶으면 바꿔도 돼."

영주가 비석치기를 시작하기 전에 살며시 웃으며 말했다.

"네가 비석치기 잘하니까 네가 깍두기 하면 공평할 것 같아."

유미가 아이들을 둘러보며 말했다.

언니, 오빠들과 함께 놀아본 경험도, 놀이를 배워본 일도 거의 없는 우리 반 아이들은 놀이를 할 때 놀이 규칙 때문에 사소한 말다툼이 잦은 편이다. 언니들에게 놀이를 배웠다면 이미 규칙들에 익숙해져서 그런 일들이 없을 텐데 또래들끼리 놀이를 하면서 배워가는 과정이라 그럴 것이다. 그런데 깍두기 제도를 알게 된 이후에는 팀을 나누거나 짝을 정하는 문제로 말다툼을 하는 일이 사라졌다.

수곡동이 새롭게 다가와요

이명순

"아이들은 자신이 살아가는 장소에 대해서 이야기하는 것을 좋아합니다. 자신이 존중받는 느낌을 가지게 되기 때문이지요. 특히 시골에 사는 아이들은 자기가 살고 있는 곳에 대한 애정이 없어요. 그런데 교사가 자신들이 살고 있는 장소를 관심을 가지고 탐구한다면 어떤 변화가 생길까요? 아이들의 자부심이 높아질 것이고 그것은 아이들에 대한 사랑의 표현이 될 것입니다."

강의를 들으면서 이 말이 가장 마음에 와 닿았다. 시골에 사는 아이들뿐 아니라 나처럼 도시에서 살았던 사람이나 요즘 도시 아이들도 자신이 살고 있는 곳에 대해 애정이 없기는 마찬가지일 것이다. 그래서 내가 어렸을 때 자랐던 장소와 맺었던 관계에 대해 다시 생각해보게 되었다.

내가 자란 곳은 서울 연희동이다. 고등학교를 졸업하고 청주에 내려올 때까지 나는 19년 동안 연희동에서 살았다. 나에겐 연희동이 고향인데 연희동에 대해 궁금한 것도, 공부를 해야 한다는 생각도 해보지 않았다. 그리고 연희동을 떠난 뒤에는 완전히 잊고 있었다.

고작 내가 기억하는 산은 안산과 백련산 정도이다. 요즘에 알았지만 안산 자락에 우리 집과 내가 다니던 초등학교가 있었다. 안산은 높이가 300m로 서울에서도 제법 큰 산이다. 그런데 어릴 때는 산 이름이 제대로 없어서 안산 정도로 불렀나 보다며 시시하게 생각했다. 안산과 백련산 사이에 홍남천이라고 불렸던 홍제천이 흐르는데, 악취가 나서 개천 가까이 갈 때마다 얼굴을 찌푸렸던 기억이 있다. 연희동에 대해 제대로 알지 못하면서 연희동 하면 안 좋은 생각이 더 많았다.

그런데 강의를 들은 후 내 고향 연희동이 궁금해졌다. 우리 집이 있었고, 초등학교가 있었던 안산은 어디로 이어지고, 냄새가 나서 싫어했던 그 개천은 어디서 흘러와서 어디로 가는지, 내가 살았던 동네도 자연 마을이 있었을 텐데 그 이름은 무엇인지 하나하나 다 궁금해졌다. 그래서 서울 지명지, 지도, 인터넷 자료 등을 찾아보았다.

우리 집이 있었던 동네를 '궁굴'이라고 했다. 이곳에 장희빈이 사는 대궐(궁) 같은 집이 있고, 장희빈이 머리를 감았다는 우물터가 있었으며, 그 주변에 500년가량 된 느티나무가 있었고, 그 옆에 연희정이라는 정자가 있어 마을 이름을 '정자말'이라고도 불렀다고 한다. 그러고 보니 내가 어릴 때만 해도 우물 옆에 커다란 느티나무가 있었고, 그 주변에서 놀았던 기억이 났다. 큰말, 윗말, 대궐재 등 어릴 때 내가 걷고 놀았던 곳마다 이런 이름이 있었다는 것이 정말 신기했다.

그리고 우리 집과 초등학교가 있었던 안산은 무악재를 넘어 인왕산과 연결되며 한북정맥, 백두대간까지 이어진다는 것, 안산과 백련산 사이로 흐르는 홍제천은 이웃 동네 불광천과 만나 한강으로 흘러간다는 것도 알게 되었다. 그 홍제천이 악취가 났던 곳이지만 초등학교에 들어가기 전에는 동네 사람들이 빨래도 하고, 그 물을 먹기도 했던 기억도 났다. 이 모든 것들이 그동안 기억 저편에서 낱낱의 점으로 흩어져 있다가 하나로 꿰어지면서 눈앞이 확 트이는 것 같았다.

그런데 왜 나는 그동안 그 산이 어디서부터 오는지, 어디로 흘러가는지 궁금하지 않았을까? 아니 처음부터 그런 것은 아닌 것 같다. 어릴 때 밤이 되면 우리 집에서 홍제천 쪽 멀리 불빛들이 반짝이는 것이 보였다. 그곳이 어디일까 늘 궁금하고 가보고 싶었다. 하루는 아버지께 여쭈어보았더니 김포공항이라고 하셨던 거 같다. 아버지 답이 흔쾌하지 않았던지 우리 집에서 김포공항이 그렇게 가까울까 의문이 들었지만 그 궁금증을 풀지 못했다. 지금 생각해보면 아마도 한강 다리의 불빛이었던 거 같다. 그리고 어느 순간부터 그런 궁금증은 다시 생기지 않았다.

만약 그때 부모님이 "우리 동네에 흐르는 개천은 홍제천이고, 홍제천은 불광천과 만나 한강으로 흘러간다.", "옛날에는 인왕산 호랑이가 무악재 고개를 넘어 안산을 타고 우리 동네까지 왔다고 한다."라는 등이 동네 이야기를 해주었다면 어땠을까?

우리 부모님은 왜 자신의 이야기나 동네에 대한 이야기를 제대로 해주지 않은 걸까? 전라도 담양이 고향이신 아버지는 16살에 서울로 오셨고, 고향을 떠난 아버지한테 서울은 추억과 경험이 없는 낯설기만 한 곳이었을 것이다. 그러다 보니 먼저 이야기하지도, 내가 궁금한 것을 물어보았을 때 제대로 답해주실 수도 없었던 것이다.

그런데 아버지가 고향에 가셨을 때는 달랐다. 아버지가 태어난 집, 회문산 빨치산부터 만일사에서 살았던 이야기, 6·25 이후 담양으로 오게 된 사연, 아버지가 자란 담양의 산에 얽힌 전우치 이야기 등 끊임없이 고향 이야기를 하셨다. 원래 말씀이 없으셨던 분이 아니었다. 낯선 타향에서 바쁘게 살다 보니 얘기할 시간도 없고, 또 애들 공부하는 것에 대해 알지 못하니 어떻게 얘기해줘야 할지도 모르셨던 것이다. 낯선 서울에서 얼마나 힘들고 외로우셨을까? 그 외로움은 고스란히 나에게 전해졌고, 나 역시 내가 자란 서울도, 지금 살고 있는 청주도 언제든지 떠날 곳으로만 생각했던 것이다.

만약 내가 이런 것에 대해 좀 더 깊이 알았더라면 지금 살고 있는 수곡동 아이들과 전혀 다른 관계를 맺었을 것이다. 내가 지역에 대해 공부하는 관점으로 수곡동을 보았을 것이고, 수곡동 아이들이 지역에 대해 깊은 애착과 장소 감각을 갖도록 지원했을 것이다. 이것이 교사로서 아이들을 진정으로 사랑하는 길이라는 것을 알게 된 나는 올해 우리 아이들과 동네 나들이를 다니기 시작했다.

"우리 동네에 이런 데가 있었어요?"

"여기 처음 와봐요."

"와! 여기서 우리 집이 보여요."

학교 앞 잠두봉으로 나들이를 갔을 때였다. 아이들은 눈앞에 보이는 동네가 마냥 신기한 듯 이리저리 살피며 말했다. 자기 집에서 얼마 떨어지지 않은 곳인데도 처음 와본다는 아이들이 많았다. 그건 아마도 나부터도 그렇고 어른들이 자신들이 살고 있는 장소에 대해 관심을 가지고 탐구하지 않은 탓이 가장 크다는 생각을 했다.

"형석이네 집 있는 데로 가자. 거기 가면 오백 년 된 느티나무도 있어."

"진짜요?"

"선생님, 형석이네 집을 알아요?"

"그럼. 우리 집도 거기야."

"와!"

아이들의 눈은 일제히 형석이를 향했고, 형석이는 쑥스러워하면서도 눈을 반짝이며 내 말에 고개를 끄덕였다. 아이들은 느티나무에 올라가보기도 하고 주변을 뛰어다니며 신나게 놀았다. 안내자는 형석이었다.

"와! 형석이네 아파트 너무 좋아요."

"여기 날마다 와요."

"다음에는 우리 아파트로 가요."

형석이가 자랑스러워한 것은 물론이고 아이들도 자신이 살고 있는 곳에 관심을 갖기 시작했다. 그 뒤로 아이들과 나는 지금 사는 곳을 옛날에는 어떻게 불렀는지 찾아보았다.

"나는 숲골 사람이네."

"우리는 새터말이야."

"오늘 집에 갈 때는 무터골 고개로 걸어가보자!"

이렇게 동네 나들이를 다닌 아이들은 내가 살고 있는 곳을 새롭게 발견하고 더욱 애착을 갖게 되었다.

"우리 동네는 나무가 많다. 우리 동네는 평화롭다. 하지만 가끔은 소란이 일어난다. 그래도 난 평생 여기서 살고 싶다."

"수곡동의 가을은 참 예쁘다. 하루하루가 달라져서. 수곡동의 겨울은 좋다. 눈에 뒤덮인 나무를 보고 싶어서 떠나고 싶지 않다."

물론 더 넓은 집으로 이사를 가고 싶어 하는 아이들도 몇몇 있었지만 대부분의 아이들은 친구가 있고, 아름다운 자연이 있는 우리 동네에서 오래오래 살고 싶다고 했다.

2강

___

현대 교육의
한계에
대하여

지난 시간에는 아이들의 세상을 이해하기 위한 여러 가지 길, 놀이와 아이들이 가장 아파하는 왕따 문제, 아이들이 살고 있는 장소와 인간관계에 접속하는 것이 왜 중요한지에 대해서 이야기했습니다. 이번 시간에는 사회의 변화가 학교 교육에 어떤 영향을 미치는지, 교사가 교실에서 어떤 문제에 부딪치는지 살펴보겠습니다.

　사회의 변화 중에서 학교에서 가르치는 데 많은 어려움을 주는 것으로 먼저 지식의 팽창 또는 폭발 현상을 들 수 있습니다. 조선시대를 한번 생각해봅시다. 어떤 선비가 공부를 할 때 천자문부터 시작해서 명심보감, 소학, 사서오경, 거기에 대한 주석, 그리고 그런 내용이 주로 실려 있는 문집들을 읽어나가겠지요. 조금 더 호기심이 많은 사람이라면 불교나 도교의 경전들도 훑어볼 것입니다. 그 학습량이 최소 수백 권에서 최대 수천 권 정도 되었겠지요. 그래서 그 시절에는 반복 학습이 중요했습니다. 율곡 문집을 보면 이이는 논어, 맹자, 중용, 대학, 즉 사서를 주로 읽었는데 계절별로 한 번씩 읽었다고 합니다. 40대에 한 말이니까 그전에는 더 읽었을 수도 있었겠지요. 세종도 제왕학의 교과서인 대학을 100번 이상 읽었다고 하지요. 그런데 지금은 하루에도 책이 셀 수 없을 정도로 쏟아져 나오는 상황입니다. 옛날 사람들은 상상조차 할 수 없는 지식의 폭발이지요. 이렇게 지식이 폭발하는 상황에서는 아무리 책을 좋아하는 사람이라도 그 모든 책들을 다 읽는다는 건 불가능한 일이 되었습니다. 교육과정을 구성하고 가르치는 사람한테도 어려운 문제가 발생하지요. 무엇을 가르치고 무엇을 배제해야 할지 결정하기가 쉬운 문제가 아닙니다. 교육과정을 개정할 때 분과 학문들 사이에 벌어지는 논쟁은 거의 전쟁 수준이지요.

또 하나의 문제는 학교가 사회 조직 가운데 가장 보수적인 면을 가지고 있어서 지식의 새로운 변화에 대처하기 어렵다는 것입니다. 먼저 교과는 새로운 지식의 개척자라기보다 수용하고 재구성한다는 특징이 있지요. 학교에서 가르치는 지식은 현재 가장 앞선 지식이 아니라 옛날의 지식일 가능성이 높습니다. 게다가 학교 교육은 고전을 강조합니다. 그러다 보니 시간과 공간 양 측면에서 현재 공부하는 사람의 요구와 동떨어진 내용이 될 수밖에 없겠지요. 따라서 현재 학교 교육은 복잡한 상황에 제대로 대처할 수 있는 내적인 통일성과 유연성을 길러주기 어렵습니다. 이것이 학교 교육이 당면한 문제이지요. 그래서 나오는 것이 통합, 융합, 통섭 등의 개념이지요. 현재 초등 교사들은 통합 교육의 요구는 분명한데 자신이 어떻게 통합해야 할지 감을 잡을 수 없고, 중등 교사들은 자기교과의 배경이 되는 분과 학문의 변화도 따라잡기 힘든데 그것을넘어 지식을 융합하는 문제에 직면해 있는 것입니다. 그래서 이러한 상황에 문제를 느끼는 사람들은 교육과정 재구성에 대한 열정을 가지게 되지만, 방향을 잡기 어려워 힘들고, 그렇지 못한 사람들은 교과서에 더 매달리게 되지요. 그게 안전한 선택이니까.

이러한 지식의 폭발 상황에서 과연 학교가 제대로 대응할 수 있는가, 부모와 지역사회가 제대로 대응할 수 있는가, 아니 우리 인류가 제대로 대응할 수 있는가, 이것이 우리에게 던져진 질문입니다.

다음으로 우리가 다루어야 할 문제는 지식의 파편화입니다. 지식이 그렇게 폭발하고 있는데 그 지식들이 삶을 통합하도록 제시되는 것이 아니라 삶과 분리되고 내용 하나하나가 조각나 있다는것입니다. 그렇게 조각난 학문을 바탕으로 세상을 보면 어떻게 될까요? 세상은 자연이든 사회든 하나로 통합되어 있지요. 그런데 그거대한 체계를 한꺼번에 볼 수 없으니까 분석의 편의를 위해서 나눌 수밖에 없습니다. 그런 상태에서 분과 학문을 하는 사람들은자기 학문만 하면 된다고 생각합니다. 세상을 쪼개진 상태로 인식하는 것이지요.

또 하나의 문제는 그 대상들을 다시 통합하는 방법을 분과 학문들은 제시할 수 없다는 것입니다. 각 분과 학문은 고유한 개념과 이론, 방법론이 있고, 그것들이 경계가 되어 학문의 영토가 만들어지지요. 문제는 그렇게 학문의 영토가 만들어지면 그 영토를 지키려는 요구가 강해져 학문 간에 소통이 어려워진다는 것입니다. 특정 분과 학문에서 만들어지는 이론이나 방법은 다른 학문에서 사용하기 어렵고, 만약 그것을 사용한다면 다른 분과 학문이 되어버리는 것이지요. 따라서 그러한 분과 학문의 영역을 넘어서는 새로운 학문에 대한 요구가 증가하는데, 요즘 들어 학제적 연구, 통합, 융합, 통섭이라는 개념이 등장하고 있는 것이 그 까닭입니다. 학제적 연구라는 뜻은 '제'가 사이를 뜻하기 때문에 학문 사이의 경계를 지키면서 함께 연구하자는 것이고, 융합이란 학문의 경계를 넘어선 어떤 주제를 가지고 새로운 방법론을 만들어내자는 것이라고 봐야겠지요. 문제는 그러한 융합과 학제적 연구를 어떤 학문이 주도할 경우, 그 학문이 다른 학문을 지배하려는 경향을 나타낼 수 있고, 경계 영역에서 또 다른 언어가 생겨나서 또 하나의 분과 학문으로 귀결될 가능성도 있다는 것입니다.

우리 연구소에서 연구해왔던 경험을 바탕으로 생각해봅시다. 우리는 다양한 연구 영역을 가지고 있지만 그 가운데 민요와 놀이를 중심으로 접근해보겠습니다. 우리가 관심을 가지기 전에 민요와 놀이에 대한 연구는 두 가지 연구 방법이 있었지요. 먼저 학문 중심의 연구 방법이 있었습니다. 그것은 전통 연구 방법이라고도 할 수 있지요. 가사에 대한 연구는 국문과에서 하고, 장단, 가락에 대한 연구는 음악과에서 합니다. 그런 내용들을 분과 학문의 요구에 맞게 수집 정리한 다음에 그것을 텍스트로 삼아요. 실제 삶의 맥락이나 그것이 마을에서 사람들한테 주는 의미 같은 것은 관심이 없지요.

이러한 연구 방법에 문제를 제기하고 나온 것이 현장 중심의 연구 방법입니다. 우리 연구소하고도 깊은 관계를 맺었던 임재해 교수가 이 연구 방법을 대표하지요. 이 입장은 텍스트를 중심으로 한 분과 학문적 접근이 민중들의 삶을 통합적으로 조망할 수 없기 때문에 컨텍스트context, 즉 마을 사람들의 삶의 맥락을 중심으로 한 연구를 주창합니다. 민요를 연구할 때 가사나 가락뿐만 아니라 실제 노동이 어떻게 이루어지고, 사람들의 관계가 그 노래를 통해서 어떻게 고양되고 어떻게 공동체적인 삶의 계기로 작동하는지 연구해야 한다는 거지요. 따라서 현장 연행이 중시됩니다. 사람들의 동작과 표정, 반응들 전체가 연구의 대상이 되는 것입니다. 아주 중요한 변화이지요. 우리도 현장을 통합적으로 보는 데 많은 도움을 받았습니다. 하지만 현장 중심 연구 방법도 한계가 있습니다. 결과적으로 우리가 깨달은 바는 무엇입니까?

현장 중심의 연구 방법은 기존 학문의 식민성을 비판합니다. 인류학은 식민지 본국의 학자가 식민지 지배국의 시선으로 식민지를 보기 때문에 한계가 있다고 비판합니다. 또 기존의 분과 중심의 연구는 도시 사람들이 중심이 되어서 시골을 대상으로 연구하는 내부 식민지 논리에 따른 연구라고 보지요. 그런데 우리가 볼 때는 도시에 있는 학자가 현장에 가서 자료를 탐색해서 분석하고 그것을 바탕으로 자기 지식을 형성하는 과정은 현장 중심의 학문 방법이나 분과 중심의 학문 방법이나 똑같아요. 우리는 두 가지 문제를 발견했는데, 현장 중심의 연구 방법과 도출된 결과가 현장에 있는 사람들의 지식이나 인간관계의 변화에 도움이 되지 않았다는 것이지요. 또 하나는 민요와 놀이가 그렇게 연구해서는 살아날 수 없었다는 것이었습니다.

그래서 우리는 공동체 중심의 현장 연구 방법을 내세웠지요. 그 문화가 전승되는 마을 사람들이 중심이 되어야 문화유산이 우리가 살아가는 데 의미 있는 자원이 된다는 것이었습니다. 부모에서 자식으로 전승되고 동네 어른에서 아이들로 전승되고 언니, 오빠에서 동생들로 전승되는 이 문화 과정을 살려내는 것이야말로 진정한 학문이라는 것이 우리의 결론이었습니다. 이 과정에서 우리는 아이들 놀이와 노래를 새로 발견할 수 있었습니다. 노동요는 농업 기술의 변화와 인간관계의 해체 속에서 다시 살리기는 어렵습니다. 하지만 아이 어르는 소리나 아이들의 놀이는 그렇지 않습니다. 아이를 기르는 것은 인류라는 종이 유지되는 한 영원한 삶의 기능이지요. 그래서 우리는 현대 사회에서 살릴 수 있는 진정한 문화유산은 아이 어르는 소리와 놀이라고 보고 이를 연구와 실천의 중심으로 삼았던 것입니다. 그러한 문화유산이야말로 개인의 발달과 학교 교육, 공동체의 복원에 소중한 자원이 될 것이기 때문이지요.

이제 분과 중심의 연구 방법이 아이들의 놀이와 노래 교육에 어떤 영향을 미치는지 알아봅시다. 분과 중심 연구 방법과 이를 기반으로 하는 실천은 사물과 현상을 해체해버립니다. 먼저 시간을 나누지요. 몸동작이 있는 것은 체육 시간에 가르치고, 노래는 음악 시간에 가르치고, 말놀이는 국어 시간에 가르칩니다. 본래 하나로 통합되어 있는 놀이를 그렇게 해체하면 그 놀이가 가진 힘은 약화되기 마련입니다.

형식적인 교육 방법으로 가르치는 것도 문제입니다. 놀이는 스스로 발견하고 참여하는 활동입니다. 그런데 그것을 일제 수업 방식으로 가르치면 아이들이 자기들끼리 놀 때는 그 놀이를 하지 않을 가능성이 높습니다. 선생님의 역할을 누가 대신할 수 없기 때문이기도 하지만, 그렇게 재미가 떨어진 것을 아이들이 반복할 리 없기 때문이지요. 또 아이들 사이에 존재하는 차이도 무시됩니다. 어떤 아이들은 먼저 배우고, 또 어떤 아이들은 다른 아이들이 다 익숙해진 다음에야 관심을 가질 수도 있습니다. 그런데 모든 아이들을 똑같이 가르치려면 힘든 아이들이 나타나기 마련이고, 선생님이 아이들에게 화를 내게 되면 놀이는 죽을 수밖에 없습니다.

또 그 놀이의 의미 또는 특성과 상관없는 내용으로 이상하게 변형하기도 하죠. 달팽이 노래를 가지고 살펴봅시다.

하마하마 춘취라 / 니 할애비 개똥밭에 장구 치며 논다 / 요뿔 내고 춤춰라 조뿔 내고 춤춰라 / 솔솔이 나오너라 / 하마하마 춤춰라 (춤 추며 노래) …… (박수)

달팽이 앞에서 이 노래를 부르면 달팽이가 껍질 밖으로 나오면서 춤을 추는 것처럼 보이지요. 나와 있을 때 위에 있는 긴 뿔을 손으로 톡 하고 건드리면 다시 들어갔다가 나옵니다. 그러한 모습을 옛날 아이들은 달팽이가 춤을 추는 것이라고 느꼈고, 함께 춤추는 과정에서 이 놀이가 탄생된 것이지요. 그런데 현재 교과서에는 어떻게 가르치라고 하지요? 달팽이진 놀이를 하면서 부르라고 합니다. 실제 어떤 선생님이 그렇게 해봤더니 너무 힘들어서 포기했다고 합니다. 문화유산을 복원하고 전승하는 것이 아니라 이상하게 해체하고 왜곡하는 것, 이것이 바로 학문의 역할이 되어버린 것이지요. 기존 학문의 연구 방법으로는 통합이 불가능하겠지요. 다시 한 번 강조하면 놀이 세상은 그렇게 나누어져 있지 않거든요.

그 통합된 영역을 전체로 다룰 수 없으니까 분석의 편의를 위해 나눈 것일 뿐이지요. 그런데 분과 학문을 배운 사람들은 자기 학문만 제대로 알면 된다고 생각해요. 그래서 독일인들은 자기 분야만 아는 사람들을 전문가 바보라고 부릅니다. 왜냐하면 깊이 연구할수록 삶의 연관을 놓쳐버리고 현실과 유리되는 사람이 된다는 거지요. 이러한 분과 학문 연구 방법을 환원주의라고 합니다. 부분을 나누고 그 부분을 깊이 연구하면 전체가 해명된다는 논리입니다. 그런데 전체를 구성하는 그 부분들만 해명한다면 과연 전체가 그 의미를 드러낼까요? 전체는 부분들의 합을 넘어서기 때문에 아무리 부분을 깊게 연구해봤자 그것은 불가능합니다.

그래서 우리는 창발적인 연구를 하는 것이지요. 부분을 해명해서 전체를 해명하는 것이 아니라 전체와 부분을 유기적으로 연관시킬 때 전혀 새로운 원리가 나오는 연구 방법입니다. 분자와 분자가 결합하면 그 분자의 특성과는 다른 유기체가 나타나지요. 그 유기체는 분자 세계의 원리하고는 전혀 다른 원리로 움직인다는 것은 모두가 알고 있습니다. 문제는 그러한 창발적 연구를 한다 하더라도 전문가들끼리의 이야기로 그치기 때문에 일반 사람들이 알아듣기 어렵다는 것입니다. 일반 사람들이 관심 있고 흥미로워하는 주제, 지역의 주제를 가지고 창발적 연구가 이루어져야 하는데, 전문가들이 그럴 이유가 없지요. 특히 현대인들은 전문성에 대한 의존성이 심해져서 공동체의 요구를 진정한 학문의 주제로 삼아야 한다는 요구를 할 수 있는 능력도 상실한 상황입니다. 몇 년 전 미국에서 전문가와 상담할 때 사람들의 뇌가 어떻게 변하는지를 연구했어요. 놀랍게도 아무런 생각을 하지 않는, 마치 바보와 같은 상태여서 놀랐다고 합니다. 무엇을 알고 해결할 수 있는 힘은 전문가만이 가지고 있고, 보통 사람들은 전문가의 말을 들어야만 한다고 생각한다면 문제를 스스로 생각하고 판단하는 힘은 길러질 수 없겠지요.

오늘날 우리들이 겪고 있는 문화 역량의 빈곤은 일상적인 사회 생활에서 가지고 있던 문화 창조 기능들, 가치와 규범, 의미를 공유하는 능력들이 전문가의 영역이 되어버렸다는 것입니다. 놀이 기능, 상담 기능, 학습 기능 등이 다 우리의 생활 기능이었는데, 이제는 전문가들이 관장하는 과학의 영역, 제도의 영역이 된 것이지요. 그렇게 생활 세계가 분절되고 파편화되면서 민중들이 스스로 문화를 창조할 수 있는 능력이 사라졌습니다.

학교 폭력도 마찬가지잖아요. 상담 전문가에게 맡기라고 하지만 맡기면 맡길수록 더 문제가 생기지요. 왜냐하면 생활 공동체의 자율성 자체를 존중하지 않으니까. 그래서 우리 평화샘은 전문가가 아니라 그 생활 단위의 구성원들이 힘을 모아서 해결하는 방법을 선택한 것이지요. 평화샘이 성공한 것은 전문가들이 말하는 것과 정반대로 실천했기 때문에 가능한 것이지요. 다시 말하면 파편화 현상을 극복하기 위한 통합은 우리 삶의 통합이어야지, 학문 영역 간의 통합이 중심이 되어서는 안 된다는 것입니다. 전래 놀이를 학자들이 모여서 통합해보세요. 달팽이 놀이처럼 이상한 결과가 나올 것입니다. 마치 프랑켄슈타인처럼.

그러면 분과 학문이 해체해버린 놀이를 어떻게 통합할 수 있을까요? 생각보다 간단합니다. 부모와 교사가 그 놀이를 생활 속에서 하면 됩니다. 수업이 아니라. 그렇게 삶 속에서 통합되면 학문의 역할도 변하게 되지요. 그러한 생활 과정을 관찰하고 분석하면서 그 놀이가 가지는 의미를 설명해주는 역할을 하게 될 것입니다. 물론 학자들도 놀이 감각과 경험을 가지고 있어야만 가능하겠지만. 왜냐하면 놀이는 간주관적 학문 영역이기 때문에 그 문화를 이해하지 못하면 연구할 수 있는 능력도 없는 것이라고 봐야 하는 것이거든요. 현재 많은 혁신학교에서 전문적인 학습공동체를 강조하고 있습니다. 나는 그러한 실천이 현대 교육이 가진 문제를 제대로 이해하지 못하는 데서 나오는 것이라고 생각합니다. 전문성이 부족한 것이 아니라 전문성 자체에서 생겨나는 문제가 현대의 문제라는 것이지요. 교과가 아니라 삶을 어떻게 통합할 것인가? 과연 분과 학문이 삶을 통합할 수 있는가? 자기 삶과 교육을 통합하지 못할 때 과연 주제 통합이 가능한 것인가? 이것이 학문의 파편화 현상이 우리에게 던지는 심각한 질문입니다.

　이제 또 하나의 문제를 살펴봅시다. 나는 이것이야말로 현대 교육의 가장 심각한 문제라고 생각하는데요. 자연 체험이나 생활인으로서 경험이 아이들에게 없거나 미약하다는 것이지요. 사람이 어떤 대상에 대해서 감각과 생각을 통일하려면 그것을 경험해야 한다는 것은 누구나 알고 있을 겁니다. 얼마 전에 어떤 대학생한테 물었어요.

"파리 다리가 몇 개지?"

그 친구는 고민히더니 "아, 파리는 곤충이죠. 그러니까 여섯 개예요."라고 대답했습니다. 파리를 실제 관찰하고 다른 곤충과 비교하고 그런 경험들을 통합하면서 가지게 된 인식이 아니라 그냥 학교에서 배운 개념으로 알고 있는 것이지요. 이렇게 실제 경험이 아니라 개념과 범주로부터 시작되는 학습이 아이들의 일상 경험이 되고 있다는 것이 오늘날 교육이 직면한 심각한 문제입니다.

요즘 아이들을 영상 세대라고 하는데, 그것이 가진 문제점 역시 생활인으로서의 경험과 연관됩니다. 어떤 친구가 자기 딸이랑 산에 갔는데 새를 보더니, "아빠, 저 새가 텔레비전에서 봤던 새지." 하고 물었다고 합니다. 텔레비전에서 본 새가 더 생생한 경험이 되고 현실의 새는 2차적이 된 것이지요. 내가 15년 전에 공동육아 어린이집에 가서 두꺼비는 왜 울퉁불퉁하게 되었을까 하는 이야기를 한 적이 있어요. 그런데 아이들이 이해를 못하더라고요. 두꺼비를 본 적이 없으니까요. 그래서 사진을 보여주면서 이야기를 했지만, 그 울퉁불퉁하고 의뭉스러운 두꺼비의 모습을 생활 속에서 경험하지 않은 아이들에게 실감나게 이야기하기는 어려웠어요.

돌이켜보면 우리가 학교 다닐 때도 개념 중심으로 가르쳤던 것은 마찬가지였어요. 그런데도 우리에게는 왜 그런 문제가 덜 나타날까요? 우리가 생활인이었기 때문이지요. 생활인이었기 때문에 아무리 개념 중심으로 가르쳐도 우리는 건강한 생활 경험을 바탕으로 이겨낼 수 있었던 것이지요. 오히려 생활 경험을 바탕으로 배운 개념이 도움이 될 수도 있었어요.

　마지막으로 학교 교육이 부딪치고 있는 문제는 공동체가 약화되거나 부재한 현실입니다. 한 사람이 어떤 것을 배울 때는 지식도 중요하지만 공동체의 경험, 공동체의 공유 의식, 공통 감정을 만들어가는 과정이 중요하지요. 공유 지식이라는 것은 내가 너를 알고 네가 나를 알고, 네가 아는 것을 우리가 다 알고, 우리가 아는 것을 우리가 다 안다는 형태의 지식입니다. 이러한 공유 지식은 어떤 것들이 있을까요? 민속, 통과의례, 세시풍속들이 공유 지식입니다. 숟가락과 젓가락으로 밥 먹는 것, 이것을 아무것도 아니라고 생각하지만 외국 사람들이 이것을 배우려면 쉽지가 않지요. 배우기도 어렵고요. 그런데 모든 사람들이 그렇게 살아가는 곳에서 태어난 아이는 자연스럽게 배웁니다. 공통 감정은 내가 그 느낌을 알고 너도 알고, 너와 내가 알고 있다는 것을 우리가 알고, 우리가 알고 있다는 것을 우리 모두가 알고 있다는 그런 감정을 말하는 것이고, 그런 것을 길러내는 것이 놀이와 명절, 세시풍속이라는 것이죠. 이렇게 한 사회의 구성원이라고 느끼는 영역들이 무너지고 있을 때 그것을 살리는 것은 교육의 가장 중요한 문제일 텐데, 현재 교육하는 사람들이 이러한 생각을 하고 있을까요?

　20세기 교육학에서는 학교에서 가르쳐야 할 교육의 기본을 읽기, 쓰기, 셈하기라고 정리하고 있습니다. 그런데 과연 이것이 교육의 기본이 될 수 있을까요? 나는 읽기, 쓰기 등은 교육의 기본이 될 수 없다고 생각합니다. 교육의 기본은 놀이, 이야기, 노래하기, 뛰기, 그리기, 춤추기 등 어른들이 특별히 노력하지 않아도 공동체 속에서 아이들이 스스로 발전시킬 수 있는 내용이어야 한다고 봅니다. 그러면 20세기 교육학은 왜 이런 내용을 기본으로 삼지 않았을까요? 중요한 비밀이 있습니다. 피아제, 비고츠키 등이 살아 있을 때는 많은 아이들이 학교와 골목에서 놀이를 하고 자연 속에서 뛰어놀았습니다. 그래서 놀이와 공동체 활동의 중요성을 깊이 인식하고 있던 비고츠키에게도 그러한 활동은 그 시대에 해결해야 할 주된 문제가 아니라 전제되어 있었던 것이지요.

　그런데 1980~1990년대를 거치면서 이제 그러한 전제가 무너졌습니다. 아이들의 놀이 감각, 장소 감각, 자연에 대한 감수성이 사라진 상황에서 읽기, 쓰기, 셈하기가 어떻게 교육의 기본이 될 수 있겠습니까? 이오덕 선생님은 글쓰기를 통한 삶 가꾸기를 주장했습니다. 글짓기가 아니라 글쓰기라는 그 단순하고 명확한 가르침이 우리 교육에 미친 영향은 실로 지대한 것이었지요. 이오덕 선생님이 아이들을 가르치고 있을 때는 여전히 골목에서 아이들이 뛰어놀고 있었습니다. 그래서 보살핌을 받지 못하는 아이들이 글쓰기를 통해서 자기 어려움을 이야기하면, 선생님이 문제를 해결해 주면서 아이들을 성장시킬 수 있었습니다. 그런데 1990년대가 되면 아이들이 글쓰기를 통해서 자신들을 드러내지 못합니다. 놀이를 제대로 경험하지 못하고 왕따 상황에서 힘들어하는 아이들을 어른들이 이해하지 못하게 된 것이지요. 자기 상황을 어떻게 드러내야 할지도 모르고 설령 드러낸다 하더라도 도움을 받을 수 없다면 아이들이 이야기를 할 리가 없겠지요. 그러다 보니 이제 글쓰기가 아니라 그림책이나 동화책 읽어주기가 중심이 될 수밖에 없습니다. 부모와 교사가 입에서 입으로 전승되는 과정에 참여하는 것이 아니라 문화 권력자인 작가들의 글들을 읽게 하는 것이지요. 이제 참다운 문화의 전승이 아니라 또 다른 소비가 되었습니다. 물론 이러한 책임을 이오덕 선생에게 지우는 것은 부당하겠지요. 교육이든 예술이든 그 뿌리는 현실에 있다는 것, 현실의 변화에 따라 그 시대가 제기하는 주제를 해결하지 못하면 진정한 교육은 불가능하다는 것을 모르는 후배들의 문제일 것입니다.

오늘날 아이들에게 함께 사는 삶, 특히 놀이는 발달에 있어서 가장 중요한 문제로 대두되었습니다. 산소가 충분할 때 산소는 공동체의 주제가 되기 어렵습니다. 하지만 산소가 부족해지면 어떻게 될까요? 공동체의 가장 심각한 문제가 될 수밖에 없습니다. 마찬가지로 놀이가 삶 속에서 살아 있을 때는 놀이는 문제가 되지 않습니다. 하지만 놀이가 상실되면 아이들의 삶이 파괴될 뿐만 아니라 공동체가 무너집니다. 예전에 아이들이 그렇게 놀 수 있었던 것은 어른들도 공동체를 이루고 함께 살았기 때문이지요. 그리고 어른들도 항상 놀았습니다. 그래서 나는 편해문 선생이 놀이를 아이들이 밥이라고 주장하는 것에 동의하지 않습니다. 그 말이 공동체 삶에서 놀이가 가진 의미를 제대로 잡아채지 못하고 있다고 생각하기 때문입니다. 놀이는 아이들의 밥이 아니라 어른들의 밥이기도 하고, 무엇보다 공동체의 밥입니다. 어떤 사람들은 이런 주장을 하는 나에게 그러면 놀이가 만병통치약이냐고 비아냥거리듯 묻기도 합니다. 그러면 나는 단호하게 대답합니다. "당연합니다. 놀이가 상실된 상황에서 놀이는 만병통치약입니다."

현재 학교 교육과정을 만드는 책임을 지고 있는 사람들도 놀이의 중요성을 모르는 것은 아닙니다. 그래서 수업에서 놀이를 가르치라고 하는 것이고, 마을과 이웃, 친구들을 이해할 수 있는 통합교육을 하자는 것이지요. 교육과정을 편성하는 데 참여한 학자들도 생활과 학문의 분리가 문제라는 것은 인정하는 것입니다. 하지만 어떻게 통합해야 할지 자신도 모르니까 현실에 맞지 않는 내용을 교과서에 실어놓고 가르치라고 강요하는 것이지요.

하지만 교사와 부모가 공동체와 관련된 실천을 하지 않는데 어떻게 그것을 가르칠 수 있을까요? 이웃을 가르치라고 하는데, 아이가 이웃과 관계를 맺고 있지 않다면 어떻게 가르칠 수 있겠습니까? 지역 사람들이 삶을 공유하면서 공유 지식과 공통 감정을 만들어갈 때 공동체가 형성되고 이웃이 의미를 가지게 됩니다. 옛날 농촌에서는 통과의례나 세시풍속을 통해 그것이 가능했지요. 그런데 도시에서는 그럴 수 있는 사회문화적 기반이 부족합니다. 일상적인 교류도 없고, 명절 때는 모두 고향으로 돌아가는데 공동체 구성원 모두가 함께할 수 있는 계기를 어떻게 찾을 수 있겠습니까? 농촌도 다르지 않습니다. 명절에 형제들이 모여도 각자의 사회적인 위치에 따라 대립하고, 며느리들은 며느리대로 불만이 쌓인 상황에서 아이들은 공동체적인 인간관계를 경험할 수 없지요. 어른들이 공동체 감각과 경험을 상실하면 아이들은 공동체를 배울 수 없습니다.

이러한 상황에서 우리가 어떻게 공동체를 복원하고 새로 만들 수 있을까, 또 공동체 경험을 아이들에게 어떻게 전승할 수 있을까, 하는 것이 현대 교육의 과제입니다. 이것을 학교가 대신할 수 있을까요? 부분적으로는 가능하겠지요. 우리 평화샘처럼. 우리 평화샘의 실천은 먼저 교실에서 공동체 형성을 가능하게 하지요. 하지만 교실에서만 그러한 공동체 형성을 경험할 때 과연 우리의 이론과 실천이 일반성, 확산성을 가지게 될까요? 가족과 지역사회, 학교가 공유된 문화 기반을 가지지 않을 때는 불가능할 것입니다. 그래서 우리 평화샘은 교실, 학교, 지역사회 공동체를 위한 우리 공동의 노력이 가장 중요하다고 주장하는 것이지요.

우리가 평화샘을 실천하는 데 어려운 것은 무엇이었습니까? 학교와 지역사회의 분리였습니다. 학교는 학교에서 생기는 문제를 지역사회와 함께 논의하고 해결할 의사를 가지고 있지 않지요. 그 분리의 책임이 겉보기에는 학교에 있는 것 같지만 깊이 원인을 따져 보면 지역사회와 가족이 가지고 있는 교육 기능을 빼앗고 모든 교육 기능을 학교가 독점하도록 한 권력과 자본에게 있습니다. 이러한 상황에서 공동체 삶의 건강성과 문화 창조력을 회복해야만 학교 교육을 변화시킬 수 있는데, 과연 우리가 해낼 수 있는가, 이것이 우리 앞에 놓인 또 하나의 문제입니다.

지금까지 이야기한 네 가지 문제가 내가 생각하고 있는 학교 교육이 직면한 문제입니다. 일반 학교야 그렇다고 치고, 혁신학교에서도 교육과정 재구성에 이러한 고민들을 반영하고 있을까요? 불가능하겠지요. 이것은 교육과정 재구성이 아니라 새로운 지식 체계와 그를 바탕으로 한 새로운 교육에서만 가능하기 때문입니다. 현대 교육의 한계는 이 자본주의 체제가 가지고 있는 근본 모순으로부터 나오는 것이지, 그 부산물이 아니라는 것, 또한 학교 차원에서 아무리 교사들이 열심히 가르친다고 해서 문제를 해결할 수는 없다는 것, 이것이 바로 우리가 부딪치고 있는 현실입니다.

강의를
듣고

니는 학교 선생이 그것도 모르나?

신용대

"엄마, 학교 텃밭에다가 감자하고 고구마 심을라 카는데 우째 심으마 되는교?"

"니는 학교 선생이 그것도 모르나? 어릴 때 니도 다 해봤던 긴데 와 모르노?"

"그기 기억이 가물가물하네요. 내가 농사질라꼬 생각도 안 했는데 그기 기억이 나겠는교?"

예전에 학교 운동장에 텃밭을 만들고 아이들과 함께 농사를 지어보기로 마음을 먹었을 때가 있었다. 그런데 도무지 파종 시기나 방법들이 제대로 기억이 나지 않아서 맨 처음 찾은 것은 인터넷 지식검색이었다. 그러다 문득 떠오른 것이 '우리 어머니가 농사꾼인데 내가 왜 인터넷에서 정보를 찾고 있을까?'였다.

나는 언제부터 내가 알고 싶은 것들을 어머니한테 물어보지 않게 되었을까?

어릴 적 우리 동네는 집성촌이라 동네 전체가 일가친척들이었다. 동네 어딜 가든 반갑게 인사를 주고받을 수 있는 또래들이 있었고, 귀여워해주시는 어른들도 있었다. 하지만 그 동네에서 자란 우리 또래들의 꿈은 모두 좀 더 큰 도시로 나가서 지긋지긋한 농사일에서 벗어나 TV에 나오는 사람들처럼 사는 것이었다. 「전원일기」처럼 사는 게 아니라 최소한 「한 지붕 세 가족」처럼이라도 살자, 공부 열심히 안 하면 결국 시골에서 농사나 지으며 힘들게 살 수 있으니 절대로 그리 살지는 않으리라!

동네 또래들과 꼴도 베고, 소 몰고 다니며 풀도 뜯기고, 산으로 들로 다니며 뛰어놀면서도 놀이터가 있는 도시의 동네에서 살고 싶었다.

왜냐하면 TV에 나오는 농촌의 모습은 새마을운동 덕분에(?) 초가집도 없애고, 마을길도 넓어졌지만, 그래도 여전히 못 배운 농사꾼들이 힘들고 가난하게 사는 곳이었다. 학교 선생님들마저 "너희들은 열심히 공부해서 이 나라의 일꾼이 되어야 한다. 좋은 학교 가서 좋은 회사 취직해야 부모님께 효도하는 거야."라며 시골 촌놈으로 살지 말고 도시로 나가 성공할 것을 독려했다. 부모님은 숙제 안 하고 놀기 좋아하는 우리에게 "이놈아, 그래 공부 안 하고 우짤라카노? 니도 커가 땡삘에서 느그 엄마 아빠같이 농사나 짓고 살끼가?"라며 꾸짖었다.

그렇게 시골에서 사는 것이 부끄러운 일처럼 우리들의 머릿속에 자연스럽게 자리 잡았다.

읍내에 있는 고등학교로 진학했을 때는 사는 동네가 곧 놀림거리가 되는 일도 있었다. 버스도 자주 안 들어가는 소위 깡촌에서 온 아이는 '○○때기'('○○댁'의 사투리), '○○촌놈'이라며 그 동네 이름이 별명이 되었는데, 내가 중학교까지 나온 위천면은 버스가 30분 단위로 들어가는 곳이라 놀림거리가 되지 않은 게 그나마 다행이라 여겼다. 하지만 대학에 진학해서 대구에서 살 때는 나도 그저 다른 시골 지역 출신들처럼 '거창때기', '거창 촌꼴짝에서 출세한 놈'이 되었다.

결국 학교와 TV를 통해서 배운 건 내가 살고 있는 시골 동네에 대한 부끄러움이자 도시 생활에 대한 부러움이었다.

우리 부모님을 포함해 동네 어른들을 바라보는 내 시선 또한 학교를 다니면 다닐수록 바뀌어갔다. 어릴 적 내 눈에 비친 어른들은 나무며 풀이며 모르는 것이 없고, 산이며 골짜기 이름이며 내 눈에 보이는 것들은 모두 알고 있는 위대한 존재였는데, 어느 순간부터는 그저 시대를 잘못 타고나 배운 것이 없어 시골에서 고생하시는 안타까운 분들로 보였고, 그들이 알고 있는 지식은 시험에 나오지도 않는 쓸모없는 것이라는 생각이 들었다.

그렇게 내가 태어난 동네를 부끄러워하고 부정하게 만드는 교육을 받으며 열심히 공부한 덕분에 나는 지금 도시 지역에서 일하는 교사가 되었다. 그리고 남들이 그렇듯 동네에 누가 사는지 여기가 어떤 곳인지 관심 없는 걸 당연하게 여기며 살아왔다. 처음엔 조금 적응하기 어려웠지만 도시에서는 다들 그렇게 살아가는 거라고 생각하니 그런대로 지낼 만했다.

아이들이 주변의 자연환경에 대해서 잘 모르고, 친구들과 어울려 노는 재미를 모르는 게 못내 안타까워 수업 시간에 아이들과 함께 학교 주변 산에도 올라가고, 체육 시간에 놀이도 함께 해보기도 했지만 그나마도 몇 년 못 가서 시들해졌다. 아이들에겐 이미 축구공도 PC방도 게임기도 있는데 굳이 내가 시골에서 놀던 것들을 알려줘서 뭐하겠나, 하는 생각이 들어서였다. 어차피 이 아이들에게 중요한 건 그런 단순한 체험이 아니라 '더 넓은 세상'일 테니 말이다.

그런데 지금은 평화샘 모임을 하면서 많은 것들이 새롭게 정리되고 있다. 지금의 나를 있게 해준 시골 동네의 산과 들, 그리고 친구들과 어른들이 내 어린 시절 얼마나 소중한 경험이었는지 새삼 깨닫게 되었다. 그때는 그 모든 것이 당연하게 우리에게 주어진 환경이라 특별히 의미를 부여할 생각조차 하지 않았는데, 지금 돌이켜 생각하면 당연하게 받아들인 그런 환경이 얼마나 위대한 것이었는지…….

"엄마, 이 달뿌리풀 이삭으로 빗자루도 만들고 그란다 카던데 함

만들어보까예?"

고향 집 앞 냇가에 온통 들어찬 갈대처럼 생긴 달뿌리풀을 보면서 아는 척을 한번 해봤다.

"아이고, 그거 만들라 카마 이삭 뜯어다 삶아서 말라가꼬……. 손이 얼매나 많이 가야 하는데 언제 그걸 하고 앉았노? 고마 집 뒤에 있는 감이나 따서 갖고 가라."

"에이, 그거 단감도 아닌데 뭐 할라꼬 가가요? 깎아서 곶감 만들 꺼도 아인데."

"지금 따다가 가마이 나뚜마 홍시 된다. 홍시만 따 가면 차에 실꼬 가다가 다 터진다."

'어릴 때부터 나에겐 주변의 자연환경에 대해 이렇게 해박한 선생님이 계셨는데, 나는 왜 내 눈앞에 보이는 자연과 어른들이 알려주는 지식을 무시하고 살았을까?' 하는 생각이 드는 순간이었다.

지식의 팽창과 폭발을
제대로 반영하지 못하는 교과서

김명신

강의를 들으면서 가장 공감이 갔던 것은 현대 교육의 한계에 관한 것이었다. 지식의 팽창과 폭발을 제대로 반영하지 못하는 교과서. 그 교과서를 충실히 가르쳤고 그 때문에 부끄러웠던 예전 기억이 떠올랐다.

오래전 6학년을 가르칠 때였다. 지구와 행성에 대해서 공부하면서 나는 당연히 태양계의 행성은 아홉 개로 수성, 금성, 지구, 화성, 목성, 토성, 천왕성, 해왕성, 명왕성이라고 알려주었다.

내가 말을 마치자마자 평소 과학에 관심이 많은 영석이가 손을 번쩍 들었다.

"선생님, 명왕성은 이제 태양계의 행성이 아니래요. 그냥 얼음덩어리라는데요?"

나는 아직 그런 사실을 접하지 못했기 때문에 순간 당황했다.

"그래? 요즘 그 사실이 밝혀졌나 보구나. 선생님은 몰랐네. 그럼 태양계의 행성은 8개가 되겠네."

"네. 그렇게 되는 거죠."

호기심 어린 눈으로 나와 영석이를 쳐다보던 아이들은 '그렇구나.' 하는 표정으로 고개를 끄덕였다.

나는 애써 아무렇지 않은 듯 수긍을 했지만 칠판을 향해 뒤돌아서며 얼굴이 화끈거렸다. 이 일을 겪으면서 자연과학의 새로운 발견에 좀 더 민감해져야겠다는 생각이 들었다. 또한 나 자신도 교사가 모든 것을 알고 가르쳐야 한다는 생각에서 자유롭지 못한 사람이었다는 것을 새삼 깨달았다. 예전에는 아이들 앞에서 모른다는 이야기가 부끄럽고, 내가 틀렸다는 것을 인정하기가 어려웠다. 그런데 평화샘을 하면서는 그런 것들이 자연스러워졌다. 내가 몰라도 아이들과 함께할 수 있고 아이들이 내가 잘못 알고 있는 것을 지적해도 부끄러워하지 않는 힘을 갖게 되었다. 얼마 전에도 그런 일이 있었다.

"선생님, 노린재가 들어왔어요."

한참 수학 수업을 열심히 하고 있는데, 민기가 큰 소리로 외쳤다.

그 소리에 모든 아이들이 민기가 가리키는 곳으로 우르르 몰려갔다. 가보니 큰 노린재 한 마리가 교실 바닥을 느릿느릿 기어가고 있었다. 날이 추워지니 따뜻한 곳을 찾아 교실로 들어왔나 보다.

"무슨 노린재지?"

"침노린재 같아요."

내가 무슨 노린재인지 궁금해하자 민기가 자신 있게 대답을 했다.

"맞아요. 민기야, 이거 왕침노린재 같지?"

"어, 맞아. 왕침노린재야."

민기와 상진이가 서로 바라보며 웃는 얼굴로 말했다.

"진짜? 선생님이 보기에는 침이 안 보이는데?"

"제가 이 노린재한테 쏘인 적 있어요. 엄청 아파요. 그래서 도감 찾아봤어요."

민기가 그때의 아픔이 생각나는지 얼굴을 찡그리며 대답했다. 그러고는 자연스럽게 교실 한쪽에 꽂혀 있는 도감을 가지고 왔다.

"여기요. 똑같지요?"

민기와 상진이는 도감을 펼쳐서 왕침노린재 사진을 나에게 보여 주며 말했다.

"그러네. 진짜 똑같다."

내가 도감을 뚫어져라 쳐다보자 옆에서 노린재를 관찰하던 아이들도 덩달아 도감을 같이 보았다.

"진짜, 얘 왕침노린재 같아요."

도감을 보던 아이들이 맞장구를 쳤다.

"민기와 상진이 덕분에 선생님은 오늘 왕침노린재를 알았네. 고마워."

내 칭찬에 민기와 상진이의 얼굴에 환한 웃음이 걸렸다.

3강

공동체를
살리는
교육 원리

한 사회의 교육 수준은 교사의 수준을 넘지 못한다고 하지요. 진정한 교사라면 사람들이 자기 시대의 문제를 풀어갈 수 있는 힘과 자질을 길러줄 수 있어야 합니다. 이번 시간에는 이러한 현대 교육이 부딪치는 문제를 해결하기 위해서 우리 사회가, 좁게는 교사들이 어떤 지향을 가지고 학문을 하고 교육과정을 구성해야 하는지에 대해서 이야기해보는 시간을 갖겠습니다.

나는 가장 중요한 내용이 교육의 생활화 또는 생활의 교육화라고 봅니다.

현재 30대에서 50대까지는 생활 경험을 공유하고 있습니다. 이 세대는 마을의 교육 기능, 아동 보호 기능이 어느 정도 살아 있을 때 어린 시절을 지냈습니다. 아이들은 집에서 꼴 베기, 쇠죽 쑤기, 가사 노동 거들기, 밭매기 등을 했지요. 내 경험을 돌이켜보면 어렸을 때 다양한 노동을 했는데, 그중에서도 가장 큰 일이 밭매기였어요. 콩밭이나 고추밭, 깨밭에 잡초가 생기면 온 가족이 나서서 바랭이, 쇠비름, 명아주 등을 뽑았습니다. 물론 씨앗을 뿌릴 때도 마찬가지였습니다. 논농사는 밭농사처럼 일이 많지는 않았지만, 그래도 모심기나 논매기, 벼 베기 등 중요한 일이 있을 때는 온 가족이 함께했습니다.

나한테 주어진 중요한 집안일은 소 기르기였습니다. 초등학교 2학년으로 기억하고 있는데, 어느 날 장에 갔던 아버지가 송아지를 끌고 와서는 저에게 기르라고 했습니다. 그때부터 아침 일찍 뒷산이나 동네 앞 냇가에 소를 매놓고 학교에 가는 것이 일과가 되었습니다. 중간쯤에 아버지가 한두 번 옮겨 매면 학교 마치고 와서 다시 한 번 옮겨주어야 했어요. 소를 길러본 사람은 알지만 한곳에서 풀을 뜯으라고 놔두면 한두 시간 이후에는 뜯지를 않아요. 요즘은 소가 풀을 뜯을 때 화학 물질이 나와서 주변 풀들에게 신호를 주면 그 풀들이 소화가 안 되는 물질을 분비해서 맛이 없어진다는 것을 잘 알지요. 우리는 그런 과학적 사실은 몰랐어도 나름의 경험으로 익히 알고 있었습니다. 내가 80년대 중반에 군대에 가 있을 때 식물들이 화학 물질로 대화한다는 내용의 논문이 발표되었다는 뉴스를 봤는데, 신기하기보다는 당연한 것이 아닌가 하는 생각을 했던 것으로 기억해요.

또 학교를 다녀오면 소꼴을 베어야 했어요. 여러 가지 풀을 베는데 어떤 풀은 소가 좋아하고, 어떤 풀은 아예 먹지 않았기 때문에 그것을 가리는 것이 아주 중요했지요. 방동사니 같은 것은 절대 안 먹었죠. 바랭이는 좋아하기는 하는데 많이 먹으면 설사를 해서 다른 풀과 섞어줘야 했어요. 내가 잘못해서 소가 아프면 소만 아픈 것이 아니라 나도 아팠어요. 서로에 대한 애착이 있었으니까요. 그 외에도 소를 기른다는 것은 참으로 많은 세상을 만나는 과정이었어요. 소가 똥을 누면 쇠똥구리들이 달려들어서 경단을 만들어 굴리죠. 소에 달라붙는 등에나 쉬파리 등을 잡아주는 것도 아주 중요했어요. 그렇게 오랜 시간 소와 지내다 보면 소가 참 말을 안 들을 때가 있다는 것도 알게 되지요. 물을 먹이려고 물가로 데리고 가는데 한번 버티기 시작하면 절대 안 가죠. 특히 황소 같은 경우는 힘이 아주 세기 때문에 아무도 굴복시킬 수가 없어서 황소고집이라는 말이 나왔어요. 소를 맬 때 절대 비탈에 매면 안 된다는 금기도 있었어요. 네 다리를 가진 데다가 무거운 몸을 가진 소는 비탈에서 잘못 넘어지면 일어날 수가 없거든요. 겨울에는 소죽을 쒀야 하고 그러려면 여물을 만들기 위해서 작두질도 해야 했어요. 추운 겨울 새벽에 일어나서 매일 소죽을 쑨다고 생각해보세요.

그래도 좋은 건 있었어요. 매일 일찍 일어나다 보니 금성의 운행을 자세히 관찰할 기회가 생겼기 때문이지요. 금성은 참 신기한 별이었어요. 처음에는 산 위에서 해가 뜨기 바로 전에 동쪽에서 나타나다가 해로부터 점점 멀어져서 해가 뜰 때 하늘 높이에서 빛날 때도 있어요. 그러다가 다시 해와 가까워지면서 어느 날 새벽하늘에서 사라졌어요. 그러다가 50일쯤 지나면 다시 서쪽 하늘에 나타나요. 해가 지자마자 산 위에 홀로 떠 있던 그 별은 점점 더 하늘 높이 떠오르다가 다시 시간이 지나면서 해에 가까워지고 어느 순간 사라졌다가 다시 10일이 지나면 동쪽 하늘에 나타났어요. 물론 이러한 지식은 몇 년을 관찰하는 과정에서 알게 된 것입니다. 처음에는 그렇게 자리를 바꾸면서 나타나는 별이 참 신기했고, 그다음엔 어디에서 나타날지 두근두근하면서 기다렸지요. 나중에 별자리에 대해 관심을 갖고 공부하니 금성이 새벽별과 저녁별로 있는 시간이 각각 263일이고, 서쪽에 저녁별로 나타나기까지는 50일, 그리고 동쪽에 새벽별로 나타나는 시간이 8일이었다는 것을 알게 되었지요. 이것을 합산하면 263＋50＋263＋8이기 때문에 584일, 정확하게 말하면 583.9일이 된다는 것을 알게 되었을 때는 우주의 비밀을 알게 된 즐거움이 있었습니다.

소가 어느 정도 자라면 아버지랑 함께 코뚜레를 만들기 위해서 뒷산에 있는 노간주나무를 베러 갔어요. 노간주나무를 구부려서 둥글게 묶은 다음에 쇠죽을 쑤는 데 넣고 같이 끓여요. 그다음에는 잘 말려서 벽에 걸어놓지요. 막상 소의 코를 뚫을 때 얼마나 고통스럽게 우는지 내 코에 구멍을 뚫는 기분이었어요. 가장 가슴 아픈 일은 내가 기른 소를 파는 것이었지요. 장에 내다 팔기 전날 소는 눈물을 흘리고, 당일 아침에는 장에 가지 않으려고 나를 바라보면서 발버둥을 칩니다. 그러면 나는 마음이 아파서 장에까지 따라갑니다. 우리 동네 주변에는 문의, 신탄, 청주, 부강 등 4개의 장이 있는데, 청주장이 50리 거리였고, 문의장은 10리 정도의 거리에 있었어요. 아침 일찍 일어나서 아버지를 따라가면서 자연스럽게 지역의 지리를 공부했습니다. 길가에 있는 산 이름부터 중요한 고개, 그 아래에 자리 잡고 있는 마을 이름과 거기에 살고 있는 성씨들도 그때 알게 되었지요. 그러니까 소 기르기는 그야말로 종합적인 프로젝트 학습이었던 거예요. 나는 그런 경험과 감각을 바탕으로 공부를 했고, 지금까지도 그 경험을 최고의 공부였다고 생각합니다. 그러한 감각들이 새로운 지식을 만날 때 내 지식이 확장되면서 '아하! 그렇구나.' 하는 깨달음으로 이어졌지요. 이렇게 공동체의 삶 속에 내장된 공부 방법들은 강력한 힘을 가지고 있었습니다. 그런데 그러한 성찰과 깨달음으로 연결된 생활 경험이 요즘 아이들한테는 없어요. 분명히 어떤 지식은 가지고 있는데, 그게 텔레비전이나 책에서 얻은 것이에요. 생태 체험이라는 것도 실제 삶의 경험이라기보다는 교양 수준의 관심이지요. 삶 속에서 제대로 된 관계를 맺은 적이 없는 것이지요. 진정한 학습은 건강한 생활 경험과 감각으로부터 시작된다고 할 때 이것은 심각한 문제입니다.

우리는 그렇게 생활인의 경험이 있었기 때문에 학교에서 현실과 유리된 교육을 받더라도 생활 능력을 상실하지 않았습니다. 함께 노동을 하고 마을 행사에 참가하면서 자기의 역할에 대한 자부심과 정체성도 가질 수 있었지요. 그런데 요즘은 도시는 말할 것도 없고 시골에서조차 아이들이 일체의 노동이나 행사에 참여하지 않고 공부만 하도록 강요받기 때문에 기본적인 생활력을 가지고 있지 못합니다.

모름지기 모든 학문은 인간의 삶에 뿌리를 내리고 삶과 끊임없이 소통해야 합니다. 교육은 스스로 역사를 형성할 능력이 있는 아이들이 속한 문화 속에 뿌리박은 활동이 되어야 하기 때문이지요. 생활에 필요한 지식과 기능, 태도, 그리고 생활력을 습득하지 못한다면, 사회 성원을 하나로 묶어주는 공동 행동 양식을 습득할 수 없게 될 뿐 아니라 학문 발전의 기초가 되는 삶의 건강성을 잃어버리게 됩니다. 따라서 삶과 학습의 통일, 학교와 사회의 통합은 우리 교육의 문제 해결과 새로운 공동체 문화로 들어서는 중요한 실천이 될 것입니다.

그러면 교육을 생활화하는 방법에 대해 이야기해봅시다. 먼저 자기 집에서부터 일을 해야겠지요. 청소를 하고 설거지를 하고 함께 밥을 해야 합니다. 물론 남자아이들도 당연히 그래야 합니다. 현재 가부장적 가족 제도는 임계점에 도달해 있습니다. 출산율이 1.1명 정도이고 결혼을 하지 않는 사람들도 많기 때문에 실제로 남자를 중심으로 한 가부장적 가족의 가계를 이어갈 확률은 아무리 높게 잡아도 70%쯤 되겠지요. 더구나 요즘같이 귀남이, 귀순이로 자라고 있는 아이들이 과연 현재의 가부장적 질서를 바탕으로 한 생활 방식을 수용할까요? 아마도 지금 자라나는 아이들도 남자들은 여전히 가사 노동을 자기 일이 아니라고 생각하는 경우가 많을 것이고, 여자들은 왜 그런 일들을 여자만 해야 하는지 납득을 못할 것입니다. 물론 그것을 바라보고 있는 부모들, 즉 현재 우리 세대는 그로 인해 생기는 갈등과 파탄을 제대로 이해하지도 못한 채 불행해지겠지요.

생활 중심의 교육은 현대 사회가 부딪치는 여러 가지 문제, 생활 경험의 부재와 가부장적인 가족 질서의 변화를 가져올 수 있는 중요한 교육혁명의 시작이 될 수 있습니다. 아무리 학교에서 남녀평등을 가르치고 생활의 중요성을 가르쳐도, 실제 생활 안에서 그러한 기능과 가치를 실현하지 못한다면 삶의 변화를 가져올 수 없겠지요. 교사들이 집안과 학교 안팎에서 평등한 남녀 관계를 실현하지 못하면서 주제 통합 프로젝트를 함께 기획하고 실천한다는 것이 과연 무슨 의미가 있을까요? 지식이 아니라 생활이고 감각이어야 하는데. 진정한 교육은 사회생활의 기본 단위인 가족, 마을, 어린이집, 교실과 같은 단위에서 관계의 변화가 시작될 때 가능하다는 것을 다시 한 번 확인할 필요가 있지요.

생활화는 현재 인류가 부딪치고 있는 문제를 해결하는 데도 중요한 의미를 가지게 될 것입니다. 현재 인류가 부딪치는 문제들을 한번 떠올려보죠. 지구 온난화, 토양 유실, 식량 위기, 쓰레기 처리, 대멸종 등의 문제를 해결하기 위해서는 인식과 제도, 생활양식의 변화가 중요하겠지요. 그 가운데서 가장 중요한 것이 생활양식의 변화입니다. 생활양식이 변화할 때만 사회 인식을 변화시킬 수 있고, 제도를 변화시킬 수 있는 추진력이 만들어지기 때문이지요. 이를 위해서 중요한 것이 개인 차원에서는 좋은 습관을 만드는 것입니다. 환경문제가 되었든, 놀이 능력을 기르는 것이든 내가 좋은 습관을 만드는 것은 삶의 변화와 학습의 가장 중요한 내용이 되기 때문이지요. 더 중요한 것은 문화적 실천입니다. 나 혼자서 꾸준히 실천하면 습관이 되지만 공동체가 함께 인식하고 실천하게 되면 그것은 문화가 됩니다. 집단 지성이라고 해도 좋습니다. 문화는 어떤 내용을 공동체가 함께 공유할 뿐만 아니라 그것을 전승하고 교육하는 것을 당연하게 생각하는 공유 지식이며 공통 감정을 만듭니다. 교육의 생활화는 우리가 함께 연대할 수 있는 문화 기반을 만드는 사회·정치적 실천이기도 합니다.

새로운 교육에서 강조되어야 할 것이 지역화입니다.
내가 살고 있는 고장에 대해서 민감하게 인식하게 된 것은 초등학교 2학년 때의 경험 때문입니다. 한 선생님이 지나가다가 저를 부르더니 어디 사느냐고 묻는 거예요. 그래서 배오개 산다고 했지요. 우리 동네 사람 모두가 우리를 배오개 사람이라고 생각하니까요. 그런데 선생님은 "배오개가 뭐냐? 죽전 1구지."라고 말하는 거였어요. 그래서 내가 선생님한테 그건 편지 봉투에나 쓰는 거고 우리 동네 사람들은 배오개, 안말, 웃말, 때국촌 같은 말을 사용한다고 말대답했다가 아주 많이 혼난 기억이 있어요. 그때 다시 선생님에게 내 주장을 하지는 않았지만 굉장히 자존심이 상했던 기억이 납니다. 지금 와서 생각하면 내가 살고 있는 마을 사람들을 존중하지 않고 내 경험이 부정당했다는 느낌이었던 것 같아요.

그 사건 이후 내 관심은 우리 동네로 향했어요. 그래서 어른들에게 우리 동네의 역사, 땅이름, 우리 동네 성씨들이 언제부터 우리 마을에 살게 되었는지 등에 대해서 묻고 또 물었죠. 내 관심은 마을을 넘어서 내 눈에 보이는 우리 고장 전체로 확장되었습니다. 날씨가 좋고 집안에 특별한 일이 없을 때는 삽 한 자루를 들고 우리 동네에서 보이는 산들을 찾아가기 시작했어요. 그때 봤던 나무들, 풀들, 바위들, 성벽들은 지금도 눈에 선합니다. 그리고 거기에 얽힌 이야기를 알고 난 뒤 그 산을 보면 마치 산이 깨어나서 나에게 말을 걸어주는 느낌이었어요. 저 멀리 있는 산이 아니라 이미 내 안에 있는 그런 존재가 된 것이지요.

또한 산에 대한 내 경험들은 공부를 할 때 가장 중요한 자양분이 되었어요. 보기를 들자면 구룡산에 갔을 때 산 전체가 흰색을 띤 바위로 된 걸 알았죠. 그 흰 바위를 우리는 차돌이라고 불렀습니다. 나중에 학교에서 암석을 배울 때 그것이 규암이라는 것, 또 사암이 변해서 생긴 변성암이라는 것을 알았죠. 우리 동네에서 그 산까지가 10리인데 우리 동네 뒷산에도 규암이 있었기 때문에 자연스럽게 내 상상력이 발동했지요. 그러니까 옛날에는 10리에 걸쳐 모래밭이 있었다는 것이고, 그렇다면 '아마 우리 동네는 옛날에 바닷가 모래밭이었겠군'이라는 생각을 하게 되었지요. 또 천매암도 있는데 천매암은 진흙과 진모래가 쉬인 셰일이 변성된 암석이라 예전에는 갯벌이었을 거라고 상상할 수 있었지요. 그렇게 나는 자연을 내 마음속에 담았고 우리 고장의 역사, 문화, 생태, 전체 생명으로부터 시작된 유기적 지식의 기초를 쌓을 수 있었어요.

그런데 선생님들은 우리를 무시하는 말을 많이 했어요. 우리 부모님들을 "농투성이 무지렁이"라고 비하했고, 조금만 우리가 마음에 안 들면 "조선 놈들은 이래서 안 돼."라고 비난을 했지요. 그런데 나는 선생님들의 그런 말에 동의할 수가 없었어요. 우리 아버지는 농사도 잘 짓고 자연에 대한 지식이 참으로 풍부해서 오히려 선생님들이 가르치는 것보다 그 설명이나 내용이 훨씬 깊고 풍부했거든요. 더구나 대단한 이야기꾼이었기 때문에 이야기 하나하나가 머리에 쏙쏙 들어왔어요.

그래서 나는 어렸을 때부터 학교 교육이 나를 이해하고 발견하는 교육이 아니라 나를 부정하고 멸시한다는 생각을 아주 강하게 하게 되었어요. 그리고 그러한 교육은 일본의 식민지 교육으로부터 시작되었고, 해방이 된 이후에도 친일 세력이 중심이 되어 이 나라를 지배하고 교육과정을 구성했기 때문이라는 것을 알게 되었지요.

자, 그러면 자기 고장을 사랑하고 자기 고장으로부터 시작되는 교육이 가능하기 위해서는 어떻게 해야 할까요?

　당연히 지역에서 출발해야겠지요. 돌에 대해서 공부할 때 현재 학교에서는 퇴적암부터 배웁니다. 그런데 우리 동네에는 퇴적암이 없어요. 화성암과 변성암이 있습니다. 그러면 화성암과 변성암부터 시작하는 것이 맞겠지요. 또한 책에서 개념으로 배우는 것이 아니라 바위에 얽힌 이야기나 경험으로부터 시작하는 것이 좋습니다. 지질학을 배울 때는 동네 뒷산에 있는 노두를 찾는 것부터 시작하는 것이 맞지요. 그런데 모든 아이들에게 똑같은 내용으로 가르친다는 것은 사람을 자기 지역의 역사와 자연환경과 긴밀하게 결합된 구체적인 존재로 보지 않고 모두 똑같은 요구와 속성을 지닌 추상적인 존재로 본다는 것입니다. 그러한 교육에서는 한 사람 한 사람의 요구와 경험, 지역적 정체성이 오히려 문제가 되겠지요. 그래서 교사들은 교실 밖에 나무가 있고 새가 날고 있는데도 그것을 관찰하는 데서부터 시작하지 않고 책 속에 있는 나무와 그에 대한 설명을 중심으로 가르칩니다. 교사들이 이러한 가르침에서 벗어나 아이들이 살고 있는 마을, 고장과의 관계 맺기에서부터 교육과정을 구성하고자 하는 인식의 전환이 이루어진다면 교육과정의 혁명은 사실상 이루어진 것이라고 봐도 될 것입니다.

　교육과정의 지역화를 위해서는 아이들이 동네일에 참여하는 것도 중요합니다. 동네 어른들하고 관계를 맺고 자기 또래나 동생들을 도와주고 보살필 수 있어야 하겠지요. 학교에서 배우는 보살핌이 아니라 실제 생활 속에서 보살필 수 있는 힘이 교육과정의 중심이 되어야 합니다. 물론 이러한 보살핌 능력은 학교에서 가르치는 것이 아니라 부모와 지역사회가 자신의 삶을 통해서 본보기를 보여주고 아이들과 함께 참여하는 과정을 통해서 가능하겠지요. 선생님은 그러한 실천이 가지는 의미를 함께 토론하고 확신하게 하는 것, 그것이 학교 교육의 역할일 것입니다.

지역사회에서 아이들의 보살핌 능력을 기를 때 가장 중요한 것은 놀이입니다. 앞서 이야기한 것처럼 아이들은 놀이를 하면서 공동체에 참여하게 되고 다른 아이들을 보살필 줄 아는 절대 윤리를 계발하기 때문이지요. 요즘 아이들에게 자원봉사를 하게 하는데요, 중·고등학교 아이들에게 놀이를 가르쳐주고 초등학교나 유치원, 지역아동센터 같은 곳에 가서 함께 어울리게 하면 어떨까요? 실제로 평화샘 마을 프로젝트가 진행되고 있는 곳에서는 이러한 움직임이 있지요. 그리고 놀이를 한 아이들은 동생들을 지지하고 보살피는 행동들을 바로 계발하는 것을 우리는 발견할 수 있었습니다.

요즘 자유학기제, 진로 교육의 중요성이 많이 부각되고 있는데, 마을 안에 있는 기업이나 시장에서 아이들이 일하면서 노동 윤리와 사회에 대한 책임을 배울 수 있도록 하는 것도 중요하겠지요.

현대 사회는 많은 문제에 직면하고 있는데, 동네 사람들이 협력을 하지 않고 풀 수 있는 것이 있을까요? 쓰레기 처리 문제, 생명 다양성 보존, 보살핌 문제 등은 우리들이 서로를 인간으로 발견하고 협력할 수 있을 때 해결 가능하지요. 그리고 그 협력의 대상은 바로 이웃입니다. 교육과정이 바로 그러한 이웃과 관계를 회복하고 함께 협력하는 내용이 될 때 우리가 부딪치는 문제를 해결할 수 있습니다. 그래서 교육과정을 지역화하고 통합화한다는 원칙이 나온 것인데, 실제 교육과정은 그러한 지식만 담고 있을 뿐 이웃과 협력할 수 있는 방법과 철학을 담고 있지 못합니다. 지역사회의 교육력, 인간관계의 창조라는 알맹이는 쏙 빠져 있는 것이지요.

마지막으로 민속적인 방법의 중요성을 강조하고자 합니다.

한 사회에서 새로운 구성원들에게 문화를 전달하고 가르치는 방식은 다양하지만 크게 형식적 교육 방법과 비형식적 교육 방법으로 나눌 수 있습니다. 형식적 방법은 학교 교육을 말하는 것이지요. 가르치는 사람과 장소가 정해져 있고, 가르치는 내용도 이미 정해져 있는 것이 특징이지요. 이와 달리 비형식 교육은 민속적 방법이라고도 할 수 있는데, 특별한 교육 기관이나 교사 없이 오랜 전통과 경험, 공동체의 상호작용 속에서 문화가 전승되는 것이고, 그러한 방법을 통해서 사람들이 공통의 가치나 기대를 내면화하는 방법입니다. 모국어를 배우는 과정이나 숟가락, 젓가락 사용 방법, 인간관계에 적응하는 방법, 김치와 온돌에 대한 정서와 감수성은 이러한 방법이 얼마나 효과가 있는지 잘 보여주지요. 생활 경험 속에서 가장 가까운 사람들에게 즐거운 방법으로 배우는 이러한 방식이 깊이 연구되지 않고서는 우리 교육은 출로를 찾을 수 없을 것입니다.

형식적 교육과정은 개인의 변화를 강조합니다. 한 개인이 그 교육과정을 통해서 어떤 변화가 있느냐를 중요시하지요. 왜냐하면 근대 교육과정은 한 국가가 그 사람의 개인적 자아와 가족, 마을 같은 공동체적인 자아를 부정하고, 국가가 나의 중요한 정체성이라는 것을 주입하는 과정이었거든요. 따라서 국가가 주입하는 내용을 가지고 아이들의 인식 구조를 변화시키려고 하는 것이 개인을 중심으로 한 교육과정의 목적입니다. 따라서 개성화와 개별화를 강조할 수밖에 없지요. 국가는 끊임없이 우리 귀에 속삭입니다. '중요한 것은 공동체가 아니라 너야. 너의 야망이야. 꿈을 가져. 너의 자아가 중요해.'

진정한 한 사람의 자아는 생물학적 개체로서 나뿐만 아니라 마을 사람으로서 나, 가족으로서 나, 고장 사람으로서 나, 한 사회의 구성원으로서 나 등 다양하고 복합적인데, 그중 소비 지향을 가진 개체로서 나만 본질적인 것이라고 세뇌시키는 것이 학교 교육에서 배우는 개성화, 개별화의 실체인 것이지요. 이러한 사고는 우리의 생활 속에서 형성되고 발전되어온 것이 아니라 일부 권력 집단이 만들고 강요하는 것이기 때문에 강제적이고 형식적인 과정을 통해서 가르칠 수밖에 없는 것입니다. 그래서 형식적 학교 교육은 수업 장면을 중요시하게 됩니다. 교실 상황에서 아이들과 교사가 교과 내용을 매개로 관계를 맺는다는 것이지요. 물론 교과 내용은 그 교육과정을 구성한 사람, 가르치는 사람이 설정한 학습 목표에 따라 만들어진 것입니다. 이렇게 만들어진 지식은 배우는 사람의 삶 속에 뿌리박은 민중 지식, 개인 지식, 지역 지식이 아니라 학문적이고 이론적인 지식이 될 수밖에 없겠지요. 문제는 학문적 지식은 머리로 이해하는 차원을 넘어서서 현실을 열정적으로 살아가게 할 수는 없다는 데 있습니다.

그래서 공동체를 살리는 대안 교육과정을 생각하는 우리는 수업 장면보다 생활 장면을 중요시합니다. 그 사람의 일상 삶과 그 안에서 생겨나는 문제에 초점을 맞추게 됩니다. 어떤 문제는 온전히 개인의 문제이겠지만 사실 우리가 겪는 대부분의 문제는 관계의 문제이고, 우리 사회의 구조적인 문제가 반영되어 있지요. 따라서 문화 전통을 전승하거나 공유하는 문제를 생활 속에서 함께 해결하는 환경이 교육과정의 중심이 된다면, 그 교육은 단순한 지식 전달이 아니라 서로의 관계를 성장시키는 데 초점을 맞추게 될 것입니다. 이렇게 공동체 안에서 서로를 키우고 부추겨온 문화유산을 배우고 내면화하거나 서로 절실한 문제를 해결할 때는 형식적인 교육 방법이 필요하지 않습니다. 누구나 삶의 본보기이고 교사이기 때문이지요.

이제 풀과 나무를 배울 때 형식적 교육 방법과 민속적 교육 방법 중에 어떤 것이 나은지 비교해봅시다. 학교에서 배운 사람이 나무와 풀을 얼마나 알까요? 무슨 목, 무슨 과에 대한 개념만 머릿속에 남아 있겠지요. 그러한 분류 체계는 알지 모르지만 실세 생활 속에서 나무와 풀을 봤을 때 그 나무의 이름이나 특성을 알 수 있을까요? 전공한 사람들을 빼놓고는 어려울 것입니다. 물론 요즘은 숲 해설사 교육을 통해서 지식을 습득하는 사람들이 많이 생겨나지만, 그것은 형식적 교육 방법이라기보다는 자기가 좋아서 탐색하는 과정에서 얻은 지식이라서 학교 교육의 결과라고 볼 수는 없습니다. 그런데 옛날 사람들은 수십, 수백 가지의 식물을 알고 있었습니다. 뿐만 아니라 그 식물의 특성이 뭐고 생활 속에서 어떻게 활용해야 하는지도 알고 있었습니다. 학교 교육 십몇 년을 마치고 나무와 풀을 모르는 생태맹을 만드는 교육과 그런 것 하나도 배우지 않고 주변 자연을 이해하고 활용할 수 있는 능력 사이에 과연 어떤 것이 더 나을까요?

나물 노래가 있습니다.

오용조용 말맹이
잡아뜯어 꽃다지
쑥쑥뽑아 나싱개
이개저개 지칭개

올라갈 때 올고사리

(노래, 박수)

이렇게 나물 이름이 죽 이어지는 노래지요. 옛날에 갓 시집온 며느리들은 시어머니 앞에서 나물 노래를 해야 했습니다. 나물 노래는 12마당, 33마당, 99마당이 있었다고 합니다. 12마당을 할 줄 알면 혼나지는 않습니다. 그 정도 나물만 알아도 웬만한 반찬거리는 해결할 수 있으니까요. 33마당을 할 줄 알면 1년 가뭄도 넘길 수 있는 생활 능력을 가진 것이고, 99마당을 할 줄 알면, 즉 아흔아홉 종류의 나물을 활용할 줄 알면 3년 가뭄도 넘길 수 있었다고 합니다.

이렇게 생활 속에서 식물을 이해할 수 있다면 생태 감수성을 가지는 것은 아주 쉽겠지요. 그런데 도시에 사는 많은 사람들은 그러한 경험이 없기 때문에 낯선 자연에 대한 공포증 같은 것을 가지고 있습니다. 풀밭에 가는 것은 모기 때문에 싫고, 애벌레는 징그러워서 싫고, 이러한 생명공포증과 혐오증은 자연과 멀어지는 문제도 있지만 오늘날과 같은 위험 상황에서는 일종의 무임승차라는 문제도 있습니다. 남들이 자연을 보호하기 위한 노력을 할 때, 즉 자원을 투입할 때 그 사람들은 그러한 노력을 하나도 하지 않고 자연의 파괴로부터 오는 문명의 편리함만을 누린다는 것이지요. 이러한 사람들이 현재 인류가 처해 있는 위기를 함께 느끼고 해결해

나갈 수 있을까요?

현대 교육의 중심 내용인 과학은 이러한 민중 지식, 지역 지식, 개인 지식은 지식이 아니라고 정의하지요. 그래서 우리들이 서로 소통하고 공감하는 생활양식들이 다 무너지면 우리들을 하나로 묶어주는 공동체가 해체됩니다. 과학은 객관 세계를 이해하는 데는 도움이 될지 모르지만 주관과 간주관적인 영역에 대해서는 참으로 무능할 뿐만 아니라 심각한 해악을 끼치기도 하는 것이지요.

과학의 또 하나의 문제는 전문가의 역할을 강조하는 것입니다. 전문가가 진리를 파악할 수 있고 대중들은 그 전문가를 통해서만 지식 체계에 접근할 수 있다는 생각 말이에요. 요즘 놀이의 중요성이 우리 사회에서 다시 한 번 주목받고 있는데, 놀이를 살리기 위해서 학자들이 주장하는 방식을 보면 기가 막힙니다. 놀이 전문가를 길러야 한다는 것이 그들의 주장이지요. 조한혜정 선생은 플레이 아티스트를 길러야 한다고 하지요. 놀이꾼이라고 하면 될 텐데, 플레이 아티스트라는 말을 사용하는 것은 우리 사회에서 학문의 식민성에 관한 논의를 주도하는 분으로서 적절한 말은 아니라고 봅니다.

문제는 모든 아이들이 놀아야 한다고 할 때 도무지 어느 정도의 전문가를 양성해야 아이들의 놀이 욕구를 충족시킬 수 있을까요? 아마 이 나라 예산을 다 사용해도 어려울 것입니다. 하지만 부모와 교사, 지역사회 어른들이 항상 놀이를 한다면, 우리 사회 전체에 놀라운 변화가 일어나겠지요. 아이들과 부모가 행복해지고 현대 사회의 가장 큰 문제인 세대 간 소통이 가능해질 것입니다. 우리 사회 전체가 그렇게 놀이하게 된다면 자본주의 체제의 한계를 넘어서는 세계의 본보기가 될 수도 있을 것입니다. 이것은 엄청난 가치를 가진 것이겠지만 현재 눈앞의 이익에만 관심이 있는 기업에게는 별 의미가 없겠지요. 전문가가 있고 돈이 되는 것만이 기업들에게는 의미를 가지기 때문입니다. 그래서 놀이를 놀이기술 전문가들이 있는 과학의 한 분야이자 산업으로 만들려고 하는 것이 전문가들과 자본의 욕망입니다. 그 결과는 생활 단위의 문화 창조력이 상실되는 것이고요. 그래서 놀이를 살린다고 하더라도 전문가주의에 의한 실천과 집단 지능에 의한 실천은 분명히 구분해야 합니다. 전문가주의에 의한 실천은 기업한테 유리하고, 집단 지능에 의한 실천은 사람과 사회에 유리하기 때문이지요.

이렇게 민속적인 방법은 자연과 사회에 대한 탐구나 놀이 등 모든 측면에서 새로운 대안 교육과정의 토대가 될 수 있습니다. 민속적 교육 방법이 가능하기 위해서는 교사와 부모가 삶 속에서 자신의 문화 전통을 통합시킬 수 있는 역량이 중요합니다. 그러한 사람들을 어떻게 길러낼 수 있을까가 민속적 교육 방법을 가능하게 하는 사회의 기반을 만드는 길입니다. 우리는 대안 교육과정을 만드는 것이 새로운 문화 기반 속에서 가능할 뿐 아니라, 그러한 문화 기반을 만드는 것이기도 하다는 것을 깨달아야 합니다.

강의를
듣고

오래가는 것은 생활에서 배운다

신용대

학교에 다니면서 배웠던 지식은 얼마나 오래 내 머릿속에 남아 있을까? 학교에서 아이들을 가르치는 일을 하고 있지만, 정작 나는 초·중·고등학교에 다닐 때 배운 내용들을 매우 빠른 속도로 잊어버리며 산다. 참 많은 내용들을 배웠는데 어떤 것들은 생생하게 기억이 나고 또 어떤 내용들은 까마득하게 기억조차 없다. 학교를 졸업하고 몇 년이 지나면 서서히 까먹는 지식이 과연 내 생활에 필요한 지식이었을까? 지금까지 생생하게 기억하고 있는 것들은 왜 그럴까?

어릴 적 우리 집은 장작불을 지펴서 난방도 하고 가마솥에 밥도 해먹는 집이라 아궁이에 매일 불을 지폈다. 그때 나는 아궁이 옆에 앉아서 어머니가 불 피우는 모습을 신기하게 바라보았다. 조그만 성냥불 하나가 불쏘시개에 옮겨 붙고 그것이 금방 장작을 활활 태우는 모습이 어찌나 신기하던지 매일 보고 또 봐도 질리지가 않았다. 어린 마음에 나도 아궁이에 불을 지펴보고 싶었지만 어머니는 좀처럼 나에게 기회를 주지 않았다. 초등학교 4학년 때쯤으로 기억되는데 드디어 나에게도 아궁이에 불을 지필 수 있는 기회가 찾아왔다. 부모님은 마실 나가고 형들은 아직 학교에서 돌아오지 않은 시간에 어머니가 했던 것처럼 아궁이에 낙엽을 넣고 나뭇가지 몇 개를 집어넣은 뒤 불을 붙였다. 그리고 빈 가마솥에 물도 채워두고 불이 알맞게 붙자 아궁이 깊숙이 불쏘시개를 밀어 넣고 의기양양하게 부모님 마중을 나갔다.

"엄마, 오늘은 내가 군불 땠다."

"우리 막내가 군불 때났나? 오늘은 우리 막내 덕에 뜨시겠네."

군불을 땠다는 막내의 말을 철석같이 믿은 부모님은 나와 함께 마실 나갔던 동네 어르신 집에서 한참 더 머물다가 집에 갔는데 웬걸, 내가 군불을 넣은 방은 냉골이었다. 그저 불만 때면 방이 따뜻해지겠거니 생각하고 장작을 넣지 않고 그저 나뭇가지 몇 개만 넣었으니 방이 데워질 리가 없었던 것이다. 다시 군불을 지피고 방이 데워질 때까지 추운 겨울밤 식구들이 오들오들 떨었던 기억이 난다.

그 일이 있고 나서 어머니는 나에게 아궁이에 불을 지피고 군불 때는 방법을 자세히 일러주었다. 불쏘시개에 불을 붙이고 나서 바람이 잘 통하도록 장작을 아궁이 속에 쌓는 법, 나무에 불이 잘

붙지 않을 때는 어느 부분에 바람을 불어넣는지, 난방을 하기 위해 불을 땔 때와 단순히 취사 목적으로 불을 땔 때 사용하는 땔감의 차이 등을 설명해주었다. 아버지한테는 아궁이의 장작이 다 타서 없어져도 아침까지 방이 따뜻한 구들의 원리에 대해 설명을 들었다.

"불을 때마 열기가 방바닥 밑으로 지나가겠제? 이 밑에는 판판한 돌을 깔아났는데, 그기 구들이라. 돌삐는 열을 찬차이 받는데, 또 그만큼 찬차이 식어 그래서 아침까지 방이 뜨신기라. 불 때는 데서 젤로 가까븐 데가 아랫목이라꼬 젤 뜨시고 울로 올라갈수록 찹은기라. 그래서 웃목이라 칸다."

또 아궁이에 장작을 너무 많이 넣었을 때 불을 조절하는 방법도 배웠는데 아주 간단했다. 타고 있는 장작을 꺼내서 흙으로 덮어주면 됐다.

말하자면 이때 부모님께 연소와 소화, 비열과 열용량, 열의 전도 등에 대한 수업을 들은 것인데, 부모님이나 나나 그게 대단한 지식이라고는 생각하지 않았다. 그저 아궁이에 불 지피는 집에 사는 사람이라면 당연히 알고 있어야 하는 사실이었으니 말이다.

후에 학교에서 과학 시간에 연소와 소화에 대해 배우면서 연소를 잘 되게 하려면 탈 물질의 발화점까지 온도를 높여주고 산소를 충분히 공급해야 한다는 것, 산소를 충분히 공급하기 위해 입이나 부채로 바람을 불어주면 더욱더 잘 탄다는 따위의 지식을 배웠다. 아니 배웠던 걸로 가물가물 기억이 난다. 불을 끄려면 온도를 낮추거나 산소 공급을 차단하거나 또는 탈 물질을 제거해야 한다는 등의 지식도 배웠다. 우리 집처럼 나무를 때는 집의 아이들은 연소를 잘 되게 하는 방법은 모두 쉽게 이해했다. 그럼에도 불구하고 집에서 늘 나무를 때는 덕분에 이해가 쉬었다고 좋아하는 아이는 단 한 명도 없었던 걸로 기억된다. 연탄보일러를 쓰는 집과 달리 나무를 때야 하는 불편한 생활이 부끄럽기도 하고 싫기도 했기 때문이었다. 학교에선 언제나 "여러분들은 열심히 공부해서 이 나라의 기둥이 되어야 합니다."라며 얼른 이 부끄러운 시골에서 벗어나 도시의 직장이나 연구소 등에서 일하는 '나라의 기둥'이 되라고 가르쳤으니 말이다.

고등학교와 대학을 다닐 때는 학교 단체 캠핑이나 MT를 가서 숲 속 캠프장 마당에 숲에서 나무를 가져다가 불을 피워 '캠프파이어'를 할 일이 가끔씩 있었는데, 그때 땔감을 구해오거나 불을 피우기 위해 나무를 쌓는 친구들의 모습은 어설프기 짝이 없었다. 손가락만 한 나뭇가지만 모아서 오기도 하고, 땔감들을 아무렇게 쌓아두고는 굵은 나무에다 신문지 몇 장으로 불을 붙이면서 불이 안 붙는다고 당황해하면서 휘발유가 없음을 한탄하기도 했다. 그럴 때면 구세주처럼 등장해 쓸 만한 땔감과 불쏘시개를 구해와 공기가 잘 통할 수 있는 구조로 나무를 쌓은 다음 멋지게 불을 피우는 사람들은 나를 포함한 이른바 '촌놈'들이었다. 다들 과학 시간에 연소와 소화에 대해서 배웠을 텐데 그것을 실생활에 적용하지 못하는 친구들이 참 이상하게 느껴졌다.

"와! 역시 촌놈들은 대단해. 금방 불 피우네."

"과학 시간에 연소와 소화 안 배웠냐? 딸랑 불 하나 피우는 게 그리 어렵냐?"

"야! 니들은 시골에서 불 피워봤으니까 알지. 한 번도 안 해본 우리가 그걸 어떻게 알겠냐?"

그 '촌놈들'이란 말 때문에 연소와 소화에 대해서 잘 알고 실생활에 적용을 잘하는 사실이 썩 자랑스럽지 않았다. 역시나 학교 교육을 통해서 지속적으로 내가 살던 시골을 부끄럽게 느끼도록 배운 덕분일 것이다.

하지만 지금 돌이켜 생각하면 단지 집에서 군불 때는 것만으로 연소와 소화, 비열, 열용량, 열전도 등을 몸으로 익혔으니 참 대단한 일이다. 학교에서는 어떻게 배웠는지, 시험문제는 어떻게 나왔는지 하나도 기억나지 않지만 어릴 적 부모님께 배운 불 지피는 방법은 몇십 년이 지난 지금도 그대로 기억하고 있음이 놀랍기만 하다. 비록 과학 원리나 정확한 용어를 사용해서 가르쳐주신 것은 아니지만 그 어떤 수업보다 재밌고 효과가 있었다.

학교에서 배운 것들 중에서 아직까지 내가 생생하게 기억하고 있는 지식들 중에 상당수는 이처럼 실제 생활 경험과 연관된 것들이다. 학교에서 계속 부정하도록 했던 내가 살고 있던 공간과 그

속에서의 삶이 결국은 나에겐 가장 훌륭한 가르침이었던 것이다.

생활 속에서 부모님이 나에게 가르쳐주거나 시켰던 일들이 이렇게 훌륭한 지식이란 것을 진작 누군가 알려줬다면, 또 학교에서 배우는 개념과 연결시켜 설명해주었다면 그 시절 학교 공부가 그렇게 따분하고 힘들지 않았을 것이다. 아니 오히려 신나고 재밌는 시간이 되지 않았을까 하는 아쉬움이 든다.

마을에서 싹트는 배움

임오규

나는 시골에서 태어나고 자랐다. 동네 형, 친구들과 온 동네를 뛰어다니며 숨바꼭질과 진놀이를 하며 놀았고, 더운 여름날이면 강가에서 멱을 감으며 내가 직접 만든 작살과 어항으로 물고기도 잡았다. 가을이면 동산에 올라 도토리와 밤을 줍고 겨울에는 얼음 위에서 팽이도 치고 강가에서 얼음 배를 타며 자연의 품속에서 밤 늦게까지 놀았다.

그리고 우리 집은 농사를 지었는데 주로 벼농사와 고추를 많이 심었다. 농사를 짓는 집들이 다 그렇듯 우리 집 막내였던 나에게도 역할이 있었다. 고추 모심을 때 물 주는 것과 소독할 때 소독 줄을 잡는 것, 더운 여름날 고추 따는 것, 그리고 타작하고 나서 벼 말릴 때 고물개로 벼가 잘 마르게 뒤집어주고 마대에 벼를 퍼 담는 것이었다. 내가 힘들어 짜증을 내면 부모님은 "그러니까 공부 열심히 해, 우리처럼 농사지으며 힘들게 살지 말고."라고 말했다.

학교에서 선생님들은 "너희들 공부 못해서 나중에 농사꾼 될 거여? 힘든 일 하지 않으려면 게으름 피지 말고 공부나 열심히 해."라고 무섭게 닦달했다. 나는 좋은 점수를 얻기 위해 수학 문제를 열심히 풀었고, 사회 교과서에 밑줄을 그으며 달달 외웠다.

그래서인지 우리를 뒷바라지하기 위해 새벽부터 저녁까지 열심히 일하는 부모님을 보면서도 나는 존경심보다는 항상 흙 묻은 옷을 입고 다니는 걸 부끄럽고 창피하다고 생각했다. 농사짓는 것을 천히 여기고 부모님을 창피하다고 생각한 것은 대학에 와서야 없어졌는데, 그때 가졌던 잘못된 생각에 대한 미안함과 죄송스러움은 아직도 마음 한편에 남아 있다.

평화샘 모임에서 공동체를 살리는 교육 원리 및 교육과정 구성에 대해 이야기하면서 가장 공감했던 것은 '지역화'였는데, 내 성장 과정을 되돌아봤을 때 내가 사는 마을을 이해하고 탐구하는 공부를 학교에서 배운 적이 없었던 것 같다. 내 몸이 기억하고 있는 지역화 내용들 대부분은 어릴 때 놀고 일하는 생활 경험 속에서 익힌 것이었고, 지금 아이들과 함께 마을 공부하는 데 큰 밑거름이 되고 있다. 하지만 지금도 아이들이 사는 집 주변의 생태와 마을 공부에 대해 부모님들과 이야기를 나눠보면 별 중요하지 않다는 반응을 보인다.

내가 근무하는 곳은 괴산군 동쪽에 위치해 있고 백두대간의 높은 산들로 둘러싸인 작은 시골 학교이다. 예쁜 꽃들이 계절마다 피고 지며, 많은 곤충과 새들이 날아다니고, 학교 울타리엔 감나무가 있어 가을이면 빨갛게 익어가는 감을 볼 수 있는 아름다운 학교다. 부모님들은 대부분 밭농사와 과수 농사, 축산을 하신다. 그래서 아이들이 쉽게 자연을 접할 수 있어 자연환경의 변화를 잘 이해하고, 고추나 땅콩, 토마토 등 텃밭에 나는 작물들의 생태를 잘 이해할 것 같지만 전혀 그렇지 않다. 도시에 사는 아이들과 마찬가지로 휴대폰과 인터넷 게임, TV에 익숙해져 있다.

부모님들에게 "집 주변의 자연생태와 농작물들의 성장 과정, 그리고 마을의 역사에 대해 아이들에게 알려주세요."라고 말하면 "그런 걸 갈쳐서 뭐해요? 공부나 열심히 하면 되지요?"라며 좋지 않은 반응을 보인다.

"교과서에도 식물 이름 익히기랑 식물 변화를 관찰하는 내용이 나와요. 그리고 마을의 역사를 먼저 알아야지 우리나라 역사를 공부할 때 우리 마을과 비교하며 잘 이해하지요. 부모님께서 마을에 오래 사셨고 전문가시니까 아이들에게 자세히 좀 알려주세요."라고 부탁드리자, 그제야 "아, 그래요? 알겠습니다."라고 밝게 웃으시면서 대답했다.

아이와 부모가 함께 마을을 다니며 공부하는 모습은 상상만 해도 행복한 일이다. 이런 행복한 상상은 현실이 되었다. 며칠 뒤 창렬이네 동네로 나들이를 갔을 때였다.

"선생님, 빨리 오세요."

"좀 천천히 가자. 힘들다."

"선생님, 저기가 왕소나무 있는 곳이에요."

창렬이가 산 중턱 고개를 가리키며 길을 안내해준다. 아이들이 사는 마을 나들이를 계획하면서 제일 먼저 우리 반 수다쟁이 창렬이가 사는 입석마을 안내를 창렬이에게 부탁했는데, 자기가 사는 마을로 친구들과 내가 가자 신난 얼굴로 안내를 해준다.

"창렬아, 언제 여기 와봤어?"

"지난번에 아빠랑 같이 오토바이 타고 왔었어요. 여기가 아빠 오토바이 세워두었던 곳이에요."

하고는 당시 상황을 그림 그리듯이 이야기해준다.

"선생님, 저 나무가 천연기념물인데요. 오백 살이나 된대요. 그리고요 몇 년 전에 벼락을 맞았다고 해서 벼락나무라고 불러요."

"그래, 그건 어떻게 알았는데?"

"아빠한테 들었어요."

창렬이의 눈동자는 반짝였고 얼굴은 진지하면서도 자신감이 묻어나 있었다.

그러고 나서 같이 간 친구들과 안내판도 읽고 두 팔을 벌려 나무 둘레도 재고 사진도 찍으면서 소나무에 대한 자료를 좀 더 찾아보자고 했다. 내려오는 길에 서로의 느낌을 나누는데, 은애가 "선생님, 다음엔 우리 마을에 가요. 제가 잘 안내할게요. 그리고 선생님이 갖고 있는 우리 동네 자료 복사해주세요. 엄마, 아빠랑 먼저 공부하게요."라고 웃으면서 이야기한다.

"좋아, 좋아!"

같이 간 친구들도 손뼉을 치며 좋아했다. '내가 살고 있는 마을에 관심을 갖고 함께 배우고 성장한다는 것이 이런 거구나!' 하는 것을 깨닫는 순간이었다.

우리 동네는 '진계장'

김미자

'그랬구나! 나만 그랬던 것이 아니구나! 내가 잘못한 것이 아니구나!'

새로운 교육에서 강조되어야 할 것으로 '지역화'에 대한 강의를 들으며 스스로 눌러두었던 아픈 기억들이 떠올랐다. 그리고 그런 경험이 자신을 이해하고 발견하는 교육이 아니라 부정하고 멸시하게 하는 학교 교육이 원인이라는 얘기를 들었을 때는 지금까지의 분열되었던 삶이 해명되고 이해받는 것 같아 후련함을 넘어 해방감을 느꼈다.

우리 동네 이름은 '진계장'이다. 그 뜻을 정확히는 모르지만 우리 동네 어귀에 미군 부대 쓰레기장이 있었고, 그곳이 아이들의 놀이터였다. 미군 부대 쓰레기차가 올 때쯤 주변을 서성이며 기다렸다가 정신없이 쓰레기를 헤집으며 먹을 만한 것, 가지고 놀 만한 것들을 찾았다. 삼각 모양의 작은 플라스틱에 담겨 있던 딸기잼, 군용 캔에 먹다 남은 크래커. 그러다 운이 좋으면 아직 개봉하지 않은 캔을 발견할 수도 있다. 그중에서 풍선이 제일 인기가 좋았는 데 나중에 그것이 콘돔이라는 것을 알았다. 가끔은 쓰레기장에 불을 놓았는데 잿더미 속에서 우리는 캔 뚜껑을 모아 따먹기 놀이를 하기도 했다. 뭐가 뭔지 모르는 어린 시절에는 그곳이 재미있는 놀이터였지만, 학교에 다니며 사춘기가 되어서는 수치심을 느끼는 장소가 되었다.

우리 동네는 위치상으로는 면 소재지에 있는 학교에 다녀야 했지만, 동네 어른들은 큰 학교에 가야 공부를 잘한다며 아이들을 읍내 학교로 보냈다. 우리 동네 아이들은 대부분 가무잡잡한 얼굴에 소매 끝은 닳아서 너덜거리고 양말 뒤꿈치는 깁고 또 기워서 두툼해져 있기가 일쑤였다. 그래서 파마머리, 하얀 피부, 깔끔한 옷차림의 읍내 아이들 옆에 서면 기가 죽었다.

다른 것은 다 어쩔 수 없지만 공부만은 자신이 있었는데, 그것도 '진계장'에 사는 아이가 잘하는 것은 놀림거리가 되었다.

"진계장 촌놈이 제법인데."

시험지를 나눠주며 담임선생님이 던진 한마디에 내 얼굴은 발갛게 달아올라 고개를 들지 못했다.

대부분 선생님들의 한결같은 이야기는 공부 열심히 해야 서울에 있는 좋은 대학 간다는 것이었다. 안 그러면 시골에서 농사나 짓고 살아야 한다고.

우리 부모님이 시골에서 농사짓고 사시는데……. 이런 이야기를 들을 때마다 한편으론 가난한 시골 농부인 부모님을 부끄럽게 생각하게 되었다. 초등학교 3학년 때인가 기억이 가물가물하다.

동네 아주머니들이랑 밭에서 열무를 뽑아 읍내 장터에 팔러 나온 엄마를 보았지만 못 본 척 그냥 지나쳐 온 적이 있다. 그날 밤 난 엄마가 불에 타고 있는데 목이 터져라 울기만 했지 아무 손도 쓰지 못하고 발만 동동 구르는 꿈을 꾸었다. 자고 일어나서도 진정이 되지 않았다. 나중에 철이 들고서야 그 이야기를 엄마에게 했던 기억이 난다. 정말 미안하다고.

그때 엄마는 따뜻한 손으로 내 손을 말없이 쓰다듬어주시더니 "그래도 엄마는 부끄럽게 살지는 않았다. 저 위를 바라보고 투덜대지 말고 성실하게 열심히 살아야 한다. 그리고 누가 죽는 꿈은 그 사람에게는 좋은 거래."라고 나지막하게 말씀하셨다. 엄마의 이야기를 듣고 난 죄책감을 덜 수 있었다.

지금 생각하니 학교 교육 내용이 도시의 중산층을 중심으로 구성되어 있으니 내 생활과는 거리가 멀었고, 막연하게 도시 삶을 선망하게 된 것은 당연한 결과였던 것이다.

중학교 때 어떤 선생님은 우리나라 사람들은 협동할 줄을 모르는 나쁜 근성을 가진 민족이라고 했다. 그 얘기를 들으며 '자기는 딴 나라 사람인가?' 하며 우리들끼리 입을 삐쭉거리기만 할 뿐 별

말을 하지는 못했다.

강의를 들으면서 이런 어릴 적 경험을 통해 내가 태어나고 살았던 마을, 우리 가족, 우리 민족, 겨레를 부정하고 부끄럽게 여기게 되었다는 것을 확인할 수 있었다.

나와 같은 환경에서 자란 언니들은 어떤 생각을 가지고 있는지 궁금해졌다. 큰언니의 경험도 비슷했다. 버스 기사에게 진계장이란 말을 하기 싫어서 "백석지기에서 내려주세요."라고 했더니 "백석지기는 무슨, 진계장 말이지?" 하며 버스 기사가 비아냥댔던 기억을 이야기했다. 엄마랑 시장에 갔을 때 순대라도 먹고 가자는 엄마 이야기에 싫다고 그냥 집으로 왔다고 한다. 까맣게 그을리고 초라한 모습의 엄마가 창피해서 말이다. 이런 대화를 나누며 언니와 나는 눈물을 흘리기도 하고 웃기도 했다. 우리가 그런 생각을 하게 된 것이 자신과 마을을 부정하고 멸시하도록 가르친 학교의 영향이라는 말에 언니는 한 번도 그렇게 생각해보지 못했다며 놀라워했다.

충주에서 모임을 갖는 선생님들과도 같은 이야기를 나눈 적이 있다.

"그게 뭐 선생님만 그랬나? 우리 때는 다 그랬지. 기분은 나빴지만 뭐 그냥 참았지."

"맞아요. 우리 부모님이 시골에서 농사짓는다는 것이 왜 그리 창피했는지. 이런 걸 생각만 했지, 이렇게 얘기해본 거는 처음이에요."

이처럼 모임에서 이야기를 나누며 식민지 시대를 거쳐야만 했던 우리 모두의 아픔이라는 것을 확인하고 나자 서로를 지지하고 치유되는 느낌이었다. 이 얘기를 책임연구원에게 했더니, 그것이 해방 기억이라고 이야기해주었다. 왜곡된 경험을 함께 이야기하고 지지하는 해방 기억, 이 시대를 사는 모든 사람들에게 필요하지 않을까?

4강
—
공동체
교육과정
구성의
원칙

공동체를 살리는 교육과정은 놀이, 동네 자연환경, 세시풍속, 지역의 중요한 의제에 대해서 모든 사람들이 공유하고 실천하려는 노력을 할 때 가능합니다. 혼자가 아니라 여럿이 실천해야 하기에 모두가 공유할 수 있는 원칙이 있어야겠지요. 이번 시간에는 공동체를 살리는 교육과정을 만들 때 어떤 원칙에 따라야 하는지 살펴보겠습니다.

먼저 주체성이 중요합니다. 어떤 관계와 대상에 대한 진정한 학습이 이루어지려면 그 사람의 삶으로부터 시작할 뿐만 아니라 스스로 기획하고 주도할 수 있어야 한다는 것이지요. 아이들이 과연 스스로 교육과정을 기획하고 주도할 수 있을까요? 즉 개인 수준 교육과정을 가질 수 있을까요? 교사와 지역 주민들이 교육과정을 기획하고 주도할 수 있을까요? 나는 가능하다고 생각하지만 많은 사람들은 그것이 어려울 것이라고 믿고 있습니다. 물론 교육과 정 구성에서 주체성이 발현되기 위해서 몇 가지 조건은 갖추어야 하겠지요.

먼저 배움과 기르침이 사람들의 요구와 권리, 경험을 존중하는 것으로부터 시작되어야 합니다. 보기를 들어 '자장가'를 가르친다 고 생각해봅시다. 현재 교사들이 가르치는 방식은 교과서에 나오 는 노래를 불러주고 따라 부르게 하는 방식입니다. 이것이 과연 아 이들의 경험을 존중하는 방식일까요? 아이들의 경험과 요구를 존 중한다면 부모님이 자신에게 불러주었던 노래를 다시 한 번 듣게 하고, 그때 엄마가 어떤 마음이었는지 물어보게 함으로써 서로의 마음을 연결해주는 것이 좋겠지요. 자장가를 배워서 서로 발표를 하고, 그 자장가에 담긴 의미와 엄마의 사랑에 대해서 친구들과 토론을 하면 어떨까요? 이렇게 되면 전달이 아니라 소통과 공감, 관계 형성이 교육과정의 중심이 되겠지요.

교육과정을 지식의 전달이라는 측면에서 본다면 주체성이 들어 설 자리는 없습니다. 하지만 상호작용의 매체라고 본다면 교육과정 을 구성하고 아이들을 가르치는 방식은 완전히 달라지겠지요. 이 때 중요한 것이 아이들과 함께 아이들의 삶 속에서 그 주체성을 높 이면서 가르치고 배울 수 있는 영역을 함께 찾는 것인데, 나는 그 것을 놀이, 나들이, 지역사회에 대한 참여라고 생각합니다. 아이들 이 살고 있는 장소와 스스로 겪고 있는 문제, 가장 좋아하는 것에서 배움이 시작된다면 교육과정을 만들어가는 데 있어서 주도성을 발휘하는 것은 얼마든지 가능합니다.

얼마 전에 한 지역에서 동네 공부 모임을 한 적이 있습니다. 뒷산에 오르면서 돌을 함께 보며 자연사를 이야기하고, 주변의 산들을 조망하면서 그 산의 이름이 무엇인지, 거기에 어떤 문화유산이 있는지, 그 산 너머는 어떤 고장인지를 이야기했어요. 모두가 좋아했는데, 특히 한 사람의 감상이 기억이 나는군요.

"상상력과 창조성이라는 게 별것 아니네요. 우리가 아는 것으로부터 시작하면 이렇게 쉬운 것인데, 우리가 전혀 모르는 것에서부터 배우고 억지로 짜내려고 하니까 너무 어려운 것이라고 생각이 되네요. 내가 자신을 부정하는 방식으로 배워왔고, 내 아이들도 그렇게 배우고 있으니 진짜 가슴이 아파요." 하면서 눈물까지 흘렸습니다.

전주에서도 선생님들과 남고산을 오르면서 동네 공부를 했는데, 마치고 나서 한 선생님이 이렇게 감상을 이야기했습니다.

"내가 대학원까지 나왔는데 지금까지 배웠던 지식이 산산조각이 나는 느낌입니다. 그런데 생각해보면 이렇게 통합되어 있는데, 그것을 분과화된 학문으로 보니까 산지식도 되지 못하고 통합을 하려고 해도 통합할 수가 없었어요. 이제 교과서를 던진다는 의미를 알 것 같아요. 교사가 자신을 둘러싼 환경을 함께 탐색하고 공부하면 교과서를 던지는 것이 아니라 새로운 차원의 지식을 만들어갈 수 있다는 걸 말입니다."

공동체를 살리는 대안 교육과정은 아이들의 요구와 경험을 존중해야 하지만 그것만으로 가능하지는 않습니다. 놀이와 나들이, 지역에 대한 깊은 이해를 바탕으로 지역 사람들하고 동네의 삶을 엮어나가는 어른들이 존재해야 합니다. 그런 본보기가 될 수 있는 사람은 모든 지역 사람이어야겠지만, 실제로는 아이들하고 깊이 있게 관계를 맺고 있는 부모와 교사, 지역아동센터나 유치원 교사들이 되어야 합니다. 교육을 학교가 독점하게 되어 있는 현실에서 교사가 지역사회에 열려 있지 않다면 부모들은 어떻게 해야 할지 모를 수밖에 없으니까요.

둘째, 일상성 역시 중요한 원칙이 되어야 합니다. 이는 아이들이 사는 공간에서 교육 프로그램이 진행되어야 한다는 것입니다. 교육의 일상화 또는 일상이 교육의 주제가 되는 것은 많은 장점이 있습니다. 우선 돈이 들지 않겠지요. 요즘 체험학습이 유행이지요? 어떻게 합니까? 멀리 생태기행을 하거나 동물원에 가거나 도자기 만들기 체험을 하지요. 모두 돈을 내고 다른 지역으로 가는 것이 특징입니다. 우리의 일상 경험은 진정한 체험이 아니라는 것이지요. 나는 자기 주변의 자연 생태계도 이해를 하지 못하면서 멀리 생태기행을 가는 것을 생태 체험이라고 보지 않습니다. 언젠가 환경단체 사람에게 왜 멀리 강원도 점봉산 진동계곡까지 생태기행을 가느냐고 물으니까, 아이들에게 원시 자연 속에서 단 하나의 식물이라도 제대로 알려줄 필요가 있어서 그렇다고 하더군요. 그래서 거기를 가도 결국 눈에 띄는 꽃이나 곤충 몇몇을 보고 올 텐데 과연 그것이 진정한 체험이 될 수 있느냐고 물었어요. 그랬더니 아파트나 도시에는 생태환경이 너무 빈약하다고 하더군요. 그래서 함께한 아파트 단지의 생태조사를 했습니다. 한 시기만 조사했는데도 식물만 100여 종이 넘더군요. 사계절을 다 조사하면 150여 종이 넘을 것입니다. 상황이 이런데도 그 먼 진동계곡까지 이산화탄소를 배출하고 자연을 훼손하면서 갔다 오는 것이지요.

직업 체험에 대해서도 한번 이야기해봅시다. 직업 체험관에 가서 하는 것이 아니라 동네에 있는 기업이나 가게, 소방서, 공공기관에 가서 하면 어떨까요? 그러면 그 체험 자체가 지역 공동체에서 서로 소통하고 교류하는 계기가 될 수 있습니다. 요즘 자유학기제, 직업 체험이 많이 이야기되고 있는데, 이렇게 지역의 자원을 바탕으로 깊게 고민하는 교육청이나 학교는 별로 없는 것 같습니다.

우리 평화샘 프로젝트를 영동군 학산면에서 진행하고 있는 유양우 선생의 보기를 들어봅시다. 시골에서는 조손 가정의 문제가 심각하지요. 할머니, 할아버지들이 공부에서 생활지도까지 아이들을 제대로 보살피기 어렵습니다. 부모들이 아이들을 돌보는 경우에도 많은 문제가 있고요. 그래서 면 단위에서 아이들을 모아서 공부도 하고 지역답사와 놀이도 진행합니다. 올해부터 내년까지 계획은 면사무소, 농협, 우체국 등 지역사회 기관과 농사 작목반을 찾아다니면서 공부를 할 예정입니다. 이미 면사무소를 다녀왔는데, 특히 평상시 아무 말이 없던 아이가 "면사무소는 언제 생겼나요?"라는 질문을 하면서 분위기가 달라졌다고 합니다. 면사무소를 네 번 옮겼는데, 옮긴 마을 가운데 그 동네 아이들이 있으니까 언제, 왜 옮겼는지 또 질문을 하게 되지요. 견학을 끝낸 후 설명하던 면사무소 직원이 "면에서 20여 년을 근무했는데 우리 면에 대해서 이야기를 해본 것은 처음인데, 내년에는 자료를 모아서 면지를 만들어 보겠다."라고 했다는군요. 이렇게 공부를 하면서 동네에 대한 자료도 모으고 지역사회의 교육 기반에 대한 인식을 불러일으키는 것이 목적이라고 합니다. 그리고 내년 말쯤에는 면에서 관심 있는 사람들이 모여서 어떻게 우리 면의 교육 역량을 높일 것인지, 또 진로 교육과 자유학기제에 대해서 어른들이 어떤 역할을 할 것인지 간담회를 생각하고 있더군요.

놀이 역시 마찬가지겠지요. 동네 주민들 여러 명이 모여서 자기 경험을 복원하고 그것을 아이들과 함께한다면 어떨까요? 어른들이 모여서 놀고 있으면 아이들이 모여들게 마련입니다. 가르쳐주는 것이 아니라 자연스럽게 함께하게 되는 것이지요. 그렇게 말에서 말로, 몸에서 몸으로 이어지는 경험은 쉽게 내면화됩니다. 그런데 전문가를 불러서 놀이를 배우게 되면 과연 일상 삶 속에서 진행하는 것만큼의 효과가 생길 수 있을까요? 돈도 문제지만, 그만한 시간을

낼 수 있는 전문가도 없을 것입니다.

생태 체험 역시 멀리 가는 것이 아니라 뒷산과 주변 공원에서 진행할 수 있어야 합니다. 그렇게 된다면 누구나 자연스럽게 참여할 수 있겠지요. 또한 프로그램 자체가 지역 주민들의 관심을 모으고 일상생활 속에서 접촉을 강화하는 계기가 될 것입니다. 이러한 활동은 아파트 녹지 등 공유 공간에 대한 관심을 확대하는 계기가 되기도 하겠지요.

한 가족이 아파트에서 도감을 들고 꾸준히 생태 관찰을 했더니 이웃 주부와 아이들이 관심을 갖게 되고, 더 나아가 아파트 계절 체험 프로그램이 만들어지는데, 이 같은 일은 일상 속에서 쉽게 진행될 수 있습니다. 나한테 상담해온 몇 사람한테 그런 대안을 이야기했을 때 아주 쉽게 만드는 과정을 보았습니다. 학교에서 교사가 평소 나들이를 하면서 부모들이 함께 동네 나들이를 할 수 있도록 지원한다면 그 효과는 훨씬 더 증폭되겠지요. 이렇게 생활 단위에서 일상의 삶에 의미를 부여하고 새로운 문화를 창조하려는 노력이 왜 중요할까요? 많은 사람들이 자본과 권력이 만들어내는 생활 세계의 빈곤화와 파편화에 의해 문화를 창조하는 주인, 주체가 아니라 단지 소비자 역할만 하고 있는 것이 우리의 현실입니다. 그런데 일상의 삶 속에서 가치와 의미와 규범을 함께 만들게 되면 문화를 생산하고 향유하는 주체가 됩니다. 일상 삶에서 공유된 주제를 바탕으로 함께 실천하는 것이 공동체를 살리는 교육과정을 만들 때 핵심 원칙이 되는 것이지요.

셋째, 지속성의 원칙입니다. 마을을 기반으로 진행되는 프로그램이 일회성으로 그친다면 아이들과 동네 주민들의 참여 동기를 이끌어낼 수가 있을까요? 생활 단위에서 꾸준히 프로그램이 진행될 때 흥미가 생겨나고, 다른 사람들의 의식과 생활이 변화해가는 모습을 보면서 나도 해야겠다는 동기가 생겨납니다. 요즘 마을 만들기가 많이 진행되면서 아파트 생태 지도 그리기나 벽화 그리기가 유행하지요. 그런데 이런 프로그램을 자세히 살펴보면 외부 전문가들이 주도해요. 그러니 주민들은 스스로 진행할 힘을 잃게 되고, 그 사람들이 떠나면 끝나버리는 것이지요. 따라서 지속성을 담보하는 것은 함께 살고 있는 사람들이 마음을 모아서 프로그램을 진행하는 것입니다.

생태 체험을 보기로 들어봅시다. 진동 계곡으로 가면 그때 피어 있는 꽃이나 보고 오겠지만 우리 집 주변에서 돋아난 새싹을 꾸준히 살펴보면 놀라운 변화가 일어납니다. 처음에는 그 새싹이 어떤 식물인지도 모르겠지만 친구, 부모 또는 교사와 함께 오랫동안 관찰해가면서 꽃이 피고 열매를 맺는 과정을 지켜보면, 나날이 변해가는 모습 속에서 생명에 대한 경이와 감수성을 계발하게 됩니다. 이렇게 꾸준한 활동이 자기 마을이 아니고서 가능할까요?

나무 하나를 볼 때도 마찬가지이죠. 겨울눈 관찰부터 새싹이 날

때, 꽃이 필 때, 열매가 열릴 때, 단풍이 들고 낙엽이 질 때까지 꾸준히 관찰할 때만 나무 하나와 제대로 관계를 맺을 수 있지요. 이러한 생태적 감수성은 특별한 기행 체험이 아니라 생활 속에서 꾸준히 관심을 가지고 참여하면서 발견할 때만 길러질 수 있습니다.

생태교육에서 진짜 중요한 것은 나랑 관계를 맺고 살아가는 존재들인 풀과 나무, 새와 곤충, 포유류들이지요. 우리 주변의 자연환경을 주의 깊게 관찰하면 우리 삶이 자연과 얼마나 깊게 연관되어 있는지 알게 됩니다. 뒷산에서 흘러내리는 흙 속에 있는 여러 영양분들이 우리 밭의 채소를 만들어주고, 그 채소 안의 분자들이 내 몸에 들어와서 내 몸을 구성하고 있는 분자들을 껴안죠. 우리는 이렇게 물리, 화학, 생물학적으로 장소와 깊게 결합되어 있습니다. 진정으로 자기 고장을 사랑하는 사람에게는 그 고장에 살고 있는 그 나무와 곤충들이 자신의 정체성을 구성하는 내용이 됩니다.

이제 마지막으로 통합성의 원칙에 대해서 말해봅시다. 많은 혁신학교에서 주제 통합 수업을 진행합니다. 원래 주제 통합 수업, 즉 프로젝트 수업이라는 것은 기존의 형식적 수업이 생활의 요구로부터 벗어나 있기 때문에 아이들의 삶 속에서 배움의 주제를 찾지 않으면 안 된다는 문제의식을 담고 있는 것이지요. 그런데 현재의 주제 통합이 진정으로 아이들의 삶과 배움을 통합하고 있는 걸까요? 내가 볼 때는 주로 교과서를 바탕으로 한 교육과정 통합만을 중심으로 진행되고 있습니다. 진정한 의미의 통합은 삶을 중심으로 이루어져야 합니다. 어떤 지식 하나를 배우더라도 그 사람의 일생에 그것이 어떤 의미가 있는지 정확하게 밝혀져야 합니다. 이것을 수직적 통합이라고 하지요. 나아가 한 사람의 삶에 미치는 지역사회의 여러 요소들, 가정, 공공기관의 교육 기능도 중요합니다. 그러할 때만 지역사회의 인간관계와 지역의 역사문화 환경을 바탕으로 한 프로그램을 만들어갈 수 있지요. 이렇게 지역사회 기관들의 교육 기능을 깊게 고려하는 것을 수평적 통합이라고 합니다. 여러 학문들을 융합해서 가르치려고 하는 교과 통합, 학문 통합도 중요한 요소이지요. 그런데 현재 주제 통합 수업은 이렇게 학문, 교과 통합만 강조될 뿐 수직적, 수평적 통합이 고려되지 않는 것이 현실입니다.

그러면 올바른 주제 통합 수업은 어떻게 가능할까요?

먼저 교사의 생활이 아이들의 삶, 지역의 삶과 통합되어 있어야 합니다. 교사가 놀이도 할 줄 알고 동네도 알아야 하고 생태 감수성도 있어야 하는 것이지요. 이것을 수업에서 가르쳐야 할 지식으로 알고 있는 것이 아니라 자신의 삶 속에서 통합하고 있어야 합니다. 그래야 교사의 삶이 온전해집니다. 자기 삶이 온전한 교사가 아니고서 제대로 가르칠 수는 없겠지요. 부모 역시 마찬가지입니다. 진정으로 통합이 가능하기 위해서는 엄마의 뱃속에 있을 때부터 동네 사람들하고 협력하고 함께 놀이하고 나들이하는 과정 속에

서, 또 지역사회의 공동 행사에 참여하면서 동네의 책임 있는 어른
으로 성장해야 합니다. 아이를 둘러싸고 있는 세계가 그렇게 서로
돕고 나누며 하나가 될 때 최대 학습과 새로운 인간관계를 창조하
는 교육과정이 만들어질 수 있기 때문입니다.

강의를
듣고

매미야, 고마워!

허정남

여름이 시작되었음을 알리는 것에는 여러 가지 있겠지만 그중에서도 대표적인 것은 매미 소리가 아닐까 싶다. 하다못해 대형마트 진열대에 올려진 수박과 함께 나오는 소리 역시 매미 소리였다. 그런데 평화샘 선생님들과 함께 매미에 대한 공부를 하고 나서 들으니 그동안 내가 매미 하면 떠올랐던 소리는 많은 종류의 매미들 중 '맴맴' 하고 우는 참매미의 한 종류였다는 것을 알게 되었다. 그래서 올해 여름이 시작될 무렵 아이들과 함께 매미 소리를 찬찬히 다시 들어보았다. 학교 운동장에 있는 커다란 느티나무 그늘 아래에 누워 가만히 소리를 듣기도 하고, 이리저리 흩어져 매미를 찾아다니며 소리를 듣기도 했다.

"얘들아, 우리 가만히 매미 소리를 들어보고 우리말로 표현해보자."

"이건 맴맴 우니까 참매미예요."

"얘들아, 이 매미는 쓰름쓰름 울어서 쓰름매미래."

"저는 쓰름매미가 꼭 꾸에꾸에 하고 우는 것 같아요."

"맞아, 사람마다 들리는 게 다르지."

"말매미 소리는 너무 기시 다른 소리가 잘 안 들려요."

이렇게 한참 동안 매미 소리를 듣고 매미에 관한 시도 쓰고 그림도 그려보고 하니 아이들에게 매미는 더 이상 시끄럽기만 한 존재가 아니었다. 수업 시간에도 매미 소리가 들릴 때는 누군가 "어, 이 소리는?" 하고 말하면 저마다 누가 시키지 않아도 조용히 귀를 기울이고 어떤 매미일까 궁금해하며 소리 탐색을 하곤 했다.

> 나는 쓰름매미 소리를 학교 뒤쪽에서 옛날에 들었다. 그런데 무슨 매미 소린지 몰랐다. 그리고 오늘 다시 들었다. '쓰름매미 소리였구나'라고 생각했다. 쓰름매미는 '꾸에꾸에' 소리도 낸다. 그래서 결심했다. 쓰름매미가 어떻게 생겼는지 모르니까 알아보기로.
>
> ○○초등학교 3학년 이우진

개학 후 여름이 끝날 무렵 아이들과 함께 매미 이야기를 하다가 이제 곧 가을이 오면 매미가 사라질 거라는 이야기를 했더니 아이들 모두 서운한 표정을 지었다. 그래서 아이들과 함께 매미가 언제까지 우리 곁에 있는지 하루하루 날짜를 세어보기로 했다. 우선 한 친구를 정해서 하루 닫기를 할 때 오늘 하루 동안 매미 소리를 들은 친구가 있는지 알아보기로 했다.

"오늘 매미 소리 들은 사람 있어?"

"나 오늘 아침에 우리 집 뒷산에서 매미 소리 들었어."

"나도 학교 운동장에서 놀다가 느티나무에서 들었어."

이렇게 날마다 매미 소리를 확인하다가 언젠가부터 매미 소리를 들었다는 아이들이 점점 줄어들었다. 그리고 매미 소리를 들었다는 사람이 아무도 없자 아이들이 아쉬운 마음을 드러냈다.

"선생님, 그럼 우리가 들었던 매미들은 이제 죽는 거예요?"

"맞아. 하지만 그 매미들이 알을 낳고 땅속에서 몇 년 지나고 나면 그 새끼들을 우리가 볼 수 있겠지?"

"매미랑 헤어지니까 슬퍼요."

"겨울에는 눈도 오고 썰매도 타는데 매미는 그것도 못 봐서 속상하겠어요."

"선생님도 그동안 우리가 함께 공부했던 매미가 사라지니까 서운하다. 그렇다면 매미에게 우리 마음을 전해보면 어떨까?"

그러자 예진이가 좋은 생각이 났는지 얼굴 가득 웃음을 지으며 말했다.

"그럼 우리 편지 써서 운동장 느티나무에 달아줘요."

"그래, 그것도 좋은 방법이네."

그래서 아이들과 함께 매미에게 하고 싶은 말을 편지로 써보았다. 아이들은 저마다 마음속에 있던 말들을 친한 친구에게 말하듯

정성스럽게 편지를 썼다.

매미야, 너희들이 사라진다니 정말 슬프다. 우리가 너희들이랑 많은 수업을 했거든. 시를 쓰고 너희들의 소리도 듣고 너희들의 종류도 배웠지. 너희가 우리의 수업을 더 재미있게 해줬어. 너희들의 소리를 계속 듣고 싶었는데……. 내가 커서 과학자가 되면 너희들을 늘릴 수 있는 약을 만들 거야. 그럼 안녕.

○○초등학교 3학년 정민수

매미야, 여름에 시끄럽게 운 게 무슨 뜻인지 알아. 너는 참 불쌍하구나. 나는 오래 사는데. 죽으면 내가 묻어줄게. 영혼 상태에서도 잘 살아. 그리고 우리가 시화를 적을 때 왜 우는지 알게 되었어. 짝을 찾는 거잖아. 짝을 찾는 것은 힘든 일이야. 잘 살아!

○○초등학교 3학년 이준서

야! 매미들, 왜 안 울어? 장가 못 갔다고 죽냐? 어이가 없군. 쯧쯧쯧. 죽지 말고 따뜻한 곳에 가서 살지. 추운 거 좀만 참고 따뜻한 곳으로 가서 살아. 또 그곳이 추워지면 또 따뜻한 곳으로 이동을 계속해. 내 말대로 하면 계속 살 수 있을 거야. (세계 일주를 할 수도) 뭐, 세계 일주를 하면 유명한 매미가 돼서 장가를 갈 수 있을 거야.

○○초등학교 3학년 박승현

아이들은 저마다 아쉬운 마음을 글 속에 담았다. 예전에는 매미 소리가 시끄럽게 느껴졌는데, 매미에 대해 공부하고 나니 그 소리가 오히려 좋았다는 아이들도 있었고, 다양한 매미 소리를 알게 해 주어서 고맙다는 아이들도 있었다. 또 매미가 오래 살았으면 하는 마음으로 오래 살 수 있는 방법을 알려주는 친구도 있었다.

그동안 생태교육 하면 전문 해설사와 함께 식물원이나 박물관 같은 특별한 장소에 가서 프로그램으로 실시하는 것만 생각했다. 그런데 평화샘에서 말하는 생태교육은 그게 아니었다. 돈을 들여 특별한 장소에 가거나 전문가에 의한 것이 아니라 바로 지금 내가 살고 있는 공간에서 우리가 함께 느끼고 공부하는 것이 진짜 생태교육이라는 것이다.

만약 매미 공부를 한다고 곤충박물관에 가서 해설사의 설명을 듣는 체험학습을 갔다면 아이들이 매미에게 이런 감정을 느낄 수 있었을까? 아마도 들을 때만 '아, 그렇구나!' 하고 생각할 뿐 학교로 돌아오면 밖에서 들려오는 매미는 여전히 시끄러운 존재가 되었을 것이다.

그리고 이렇게 긴 시간 동안 매미를 관찰할 수도 없을 뿐 아니라 아이들의 삶으로 연결하지 못했을 것이다.

또한 교사로서 생태를 바라보는 내 태도에도 변화가 생겼다. 항상 옆에 있어서 그 고마움을 모르는 공기처럼 내 주변에 언제나 있었던 나무와 풀, 그리고 여러 가지 곤충과 새들이 그냥 지나쳐

가는 '배경' 같은 대상이 아니라 이제는 관찰하고 공부할, 그리고
나와 함께 살아가야 하는 '주인공'으로 느껴졌다.

"우리 학교가 저수지였다고?"

서영자

강의를 들으면서 교사의 삶이 아이들과 지역 주민들의 삶에 통합되어 있어야 한다고 했던 이야기가 무척 인상 깊게 다가왔다.

작년 2학년 담임을 할 때였다. 2학년은 우리 마을을 공부하는 시기였는데, 여름방학 동안 내가 먼저 학구의 땅이름을 찾아보았다. 가장 먼저 눈이 가는 건 내가 대학 때 살면서 다녔던 경희목욕탕 자리가 숙골샘이라는 것과 내가 근무하는 학교 자리가 숙골 저수지가 있던 곳이라는 것이었다. 내가 다녔던 목욕탕 자리나 넓고 깊은 저수지를 메우고 학교를 세우던 모습이 상상이 되기는 했지만, 나머지 지명은 어디가 어딘지 몰라서 헷갈리기만 했다.

9월 초 우리 반 재근이가 치과 검진을 하지 않아서 내가 직접 데려가던 날이었다. 재근이와 학교를 나서며 이야기를 나눴다.

"우리 학교가 예전에는 저수지였대."

"네에?"

재근이는 내 이야기가 믿어지지 않는 듯 머릿속으로 그림을 그려보는 듯한 표정을 지었다. 마침 치과는 경희목욕탕이 있던 자리 2층에 있었다.

"여기에 경희탕이라는 목욕팅이 있었거든. 그런네 그전에는 숙골샘이 나오던 곳이래."

"정말요? 그럼 지금 파도 나와요?"

"글쎄, 지금은 막히지 않았을까?"

재근이는 검진을 기다리는 동안에도 그 이야기가 신기한지 혼자서 계속 되뇌었다.

"학교가 저수지였다고? 여기가 샘이었다고? 헐~"

그 후 수업 시간에 우리 마을에 대한 이야기를 시작하자 재근이는 나보다 앞서서 우리 학교가 저수지였고, 치과가 있던 자리에 샘이 있었다는 이야기를 했다. 모든 아이들이 신기해하며 재근이와 내 이야기를 들으며 함께 이야기꽃을 피웠다. 그렇게 관심을 가지게 되자 나와 아이들은 일주일에 한 번씩 수업이 끝난 오후에 동네를 한 바퀴 돌아보곤 했다. 그때 아이들과 주민센터에 들러서 우리 동네 지도를 구하고, 동네 슈퍼 아주머니에게 얼음과자를 얻어먹고, 친구 부모님에게 풍선을 받았던 이야기는 두고두고 아이들 입에 오르내렸다.

학교 수업을 통해서가 아니라 내 생활이 아이들과 지역의 삶에 통합되고자 할 때 아이들의 삶에 수직적, 수평적 통합이 이루어지는 것이구나 하고 나의 경험에 새롭게 의미가 부여되었다.

이런 경험이 올 여름방학 때 교사들과 공통의 경험으로 확장되는 기회가 생겼다. 3, 4학년 교사들이 2학기 교육과정 재구성을 위해 모였던 날이었다. 교육과정에 대한 기본 생각들을 나눈 후 각 학년의 교과서를 훑어볼 때였다. 사회 교과서를 보던 나는 눈살이 찌푸려졌다.

첫 단원의 소단원은 「지명과 이야기로 배우는 우리 고장」이었다. 그런데 마이산, 하회마을과 같이 다른 지역이 소개될 뿐 아니라 관악산, 양재천, 마포나루, 구파발, 묵동, 자실, 서빙고동, 장승배기와 같은 서울의 땅이름이 대부분이었기 때문이었다. 내가 말문을 열었다.

"첫 단원이 지명과 이야기로 배우는 우리 고장인데 사회책의 내용은 거의 서울 얘기예요."

3반 선생이 보던 책을 덮고 사회책을 펼쳐보더니 말했다.

"그렇네요. 마포나루? 구파발? 나도 모르는걸."

"우리 고장에 대한 공부면 우리 고장 땅이름으로 해야지. 이건 아니다."

전국 공통 교과서라 한계가 있을 수 있겠다는 생각이 들어 지역 교과서를 살펴봤지만 부실하기는 마찬가지였다.

교육과정의 목표는 "우리 지역의 지명이나 전해오는 이야기 및 자연적·인문적 답사를 통해 우리 지역의 자연적 특징이나 당시 생활 모습을 이해"하기 위한 것이었다. 그런데 교과서는 전국 공통으로 만들어야 하니 전문가들이 아무리 잘 만든다 한들 어느 한 지역의 보기를 들어 제시할 수밖에 없는 것이다.

　초등학교 3학년은 자기 마을을 둘러싼 공간인 시·군 단위 고장을 배우고, 땅이름과 거기서 살아가는 법, 관계 맺는 법을 배우는 시기이다. 그런데 자기 고장이 아니라 먼 지역의 이야기를 하게 되면 그것이 아이들에게 어떤 의미로 다가갈까? 자기하고 관계없는 지식이 되거나 외울 수밖에 없는 내용이 되는 것 아닐까? 그런데 자기 동네 이야기를 하게 되면 거기서 소통하고 공감하고 살아가는 방법을 배울 수 있게 될 것이다. 그 과정에서 아이들은 자부심과 정체성을 형성할 수 있게 되고, 통합은 그렇게 이루어진다는 생각에 교사들에게 우리 동네에서 할 수 있는 땅이름 공부를 제안했다.

　"우리 수곡동이나 청주를 보면, 지금 교과서에서 제시된 땅이름 원리를 다 공부할 수 있어요. 매봉산이나 구룡산처럼 봉이나 산 들어간 지명, 누에머리처럼 생겼다고 잠두봉, 청주 남쪽에 들이 넓은 지역을 남들, 우리 학교가 있는 동네는 숙골인데 산이 쑥 들어간 골짜기에 생겼다고 숙골이래요. 그리고 저수지가 있었는데, 이름이 숙골 저수지라고 했어요. 우리 학교 운동장이 있는 그 자리에. 그뿐이 아니에요. 우리 동과 동쪽 경계는 무심천이 가르고 있어요. 그리고 우리 동네 수곡동, 그리고 우리 동과 맞닿아 있는 동네 땅이름만 찾아봐도 동 이름에 대한 것은 다 나오죠.”

내 이야기를 듣고 난 교사들은 관심을 보이며 같이 공부해보기로 했다.

2학기가 시작되고 우리는 교과서를 던지고 우리 동네 이야기로 공부를 했다. 교사들이 먼저 우리 동네 땅이름을 공부하고, 아이들도 우리 동네 땅이름과 전해오는 이야기를 부모님이나 할아버지와 할머니, 동네 어른들에게 직접 여쭤보면서 관계를 새롭게 만들어갔다. 그 과정은 땅이름 하나를 아는 문제가 아니라 공부는 학교에서 선생님한테 교과서로 배운다는 틀을 넘어 삶의 현장에서 함께 사는 사람들에게서 배운다는 것을 깨닫는 시간이었다.

5강

공동체를 위한
교육과정을
누가 만들 것인가

지금까지 강의에서 이야기해온 것을 한 지역에서 실천하려면 여러 가지 조건들이 마련되어야 합니다. 먼저 그러한 실천들을 할 수 있는 사람들이 중요하겠지요. 마을 속의 교사, 사회적 부모, 협력하는 지역사회 기관들이 필요합니다. 재정과 자료 역시 중요하지요. 이 가운데 재정 문제는 이번 강의에서는 다루지 않겠습니다. 사람과 자료를 어떻게 만들까를 중심으로 우리들 앞에 놓인 과제를 이야기하겠습니다.

가장 중요한 것이 주체의 형성이겠지요. 마을에서 공동체 삶을 함께 엮어나갈 수 있는 교사와 부모, 지역 주민이 필요합니다.
공동체를 살리는 교육과정을 구성하고 실천할 수 있는 교사는 어떤 사람일까요?
우선 교사의 유형부터 살펴봅시다. 여러 가지 유형의 교사들이 있지요. 애들을 가르치는 것보다 잡는 것이 활동의 중심이 되는 권위 지향 교사가 있습니다. 이러한 유형의 교사들이 먼저 나서서 아이들을 깊게 이해하려고 하거나 지역사회에 참여하지도 않겠지요. 지역사회의 협동 기반이 만들어진 다음에야 변화가 가능하기 때문입니다.

또 다른 유형으로는 교과 중심 교사가 있습니다. 교과에 충실하고 지식을 전달하는 것이 자기 역할이라고 생각하는 교사들이지요. 내가 볼 때 중등학교 교사는 거의 대부분 이 유형에 속하고, 초등학교 교사들 가운데도 많은 교사들이 여기에 속할 것입니다. 왕따 문제나 아이들 놀이, 동네일까지 교사가 관심을 가져야 하느냐고 생각하는 분들은 거의 다 이 유형이라고 생각하면 됩니다. 교과 중심 교사 역시 공동체를 살리는 교육과정을 바로 실천하기는 어려울 것입니다.

또 하나의 유형으로서 아동 중심 교사를 살펴봅시다. 이들은 아동 개개인을 존중하는 마음을 가지고 있지요. 문제는 아이가 놓인 역사 문화 맥락과 사회 경제 관계에 대해서는 관심이 약하다는 것입니다. 교실 안에서 아이들을 잘 보듬어주고 마음을 살피려고 하지만 그 아이의 삶에 중요한 영향을 끼치는 사회적 맥락에 대해서는 통찰을 하지 않는 교사입니다. 이러한 교사는 아이의 삶으로부터 어떤 깨달음을 얻게 될 경우 변화할 수 있는 가능성이 있습니다.

이제 오늘의 중심 주제인 마을 속의 교사를 살펴봅시다. 지역 주민과 함께 지역의 일에 참여하면서 함께 문제를 해결하는 교사이지요. 교직이라는 좁은 울타리를 벗어나서 참다운 시민이고, 참다운 시민이기에 진정한 교사가 될 수 있는 사람입니다. 지역 안에서 새로운 관계를 만들어가면서 자기 삶을 창조하는 사람이지요.

이러한 교사를 혁신학교 안에서 발견할 수 있을까요? 앞선 강의에서도 말한 것처럼 내가 평화샘 실천을 하면서 많은 혁신학교에 갔는데, 교사들이 모두 모여서 놀이도 하고 생태 감수성도 기르고 마을에 대한 연구도 함께하면 어떻겠냐고 묻지요. 그러면 갑자기 조용해집니다. 게다가 어떤 선생님은 벌떡 일어나서 항의를 해요. "내가 수업 혁신 때문에 9시까지 학교에 남아 있는데 그런 것까지 하고 어떻게 사느냐?"라는 거지요. 지역사회에 대한 관심과 호기심이 없는 것 같지는 않은데 여유가 없어요. 물론 내 제안에 관심을 가지는 사람도 가끔 있습니다. 하지만 얘기를 진행하다 보면 제도 교육의 한계를 이야기하면서 현실에서는 어렵다는 말로 끝내는 경우가 많지요. 그래서 나는 요즘 수업 공개 중심의 수업 혁신 프로그램이 교사들에게 너무 많은 스트레스를 주고 있는 게 아닌지 의심이 갑니다. 일종의 혁신 스트레스지요.

또한 공개된 수업은 비교육적인 면이 있다고 생각합니다. 교사도 아이도 부모도 다 연기를 하는 것이 현실입니다. 또 공개된 수업과 일상 수업에서 반항하는 아이가 나타내는 반응도 다를 것입니다.

아주 특수한 경우를 제외하면 많은 교사들이 지켜보고 있는 상황에서 반항하지는 않겠지요. 그러니 어떻게 모델이 될 수 있겠어요? 교사들이 힘들어하는 건 대부분 수업 시간에 방해하는 아이들일 텐데⋯⋯. 그렇게 수입 공개에 모는 것을 쏟고 나면 왕따 문제에 대한 공동 대응이라든가, 전체 교사들이 함께 모여서 놀 수 있는 시간이 없겠지요.

그래서 나는 교사들이 마을 공부나 놀이 워크숍들을 함께하는 것이 수업 혁신과 학교 문화를 바꾸는 데 훨씬 더 도움이 될 것이라고 생각합니다. 실제로 유럽이나 미국에서는 우리와 같은 공개 수업이 없지요. 다수가 관찰하는 공개 수업의 원조는 일본입니다. 일본은 종속적 제국주의 국가였기 때문에 미국과 유럽의 새로운 교육 프로그램을 도입할 때 전문가를 파견해서 배우도록 합니다. 그리고 그 사람이 돌아오면 워크숍을 통해서 원칙과 방법을 합의하고 정책을 만들지요. 그리고 그러한 과정이 얼마나 내실 있게 진행되고 있는지 확인하기 위해서 공개 수업을 하는 것입니다. 이러한 과정을 통해서 관료가 현장을 지배할 수 있는 힘과 명분이 만들어져요. 그런데 우리 한국의 경우는 일본의 식민 지배 과정에서 근대 교육이 만들어졌기 때문에 교사의 활동을 통제하는 의미가 훨씬 더 큽니다. 조선인을 황국신민으로 길러내는 과정을 조선인 교사들이 제대로 수행하고 있는지 감시하고 통제할 필요가 있기 때문이지요. 유럽이나 미국의 교사들은 타자의 시선을 의식하지 않기 때문에 우리와 같은 수업 공개 방식을 지지할 가능성이 없습니다. 하지만 일본과 한국은 예속적인 근대화 과정 때문에 타자의 시선을 항상 내면화하고 있지요. 그래서 정치인과 교육 관료들은 선진국들의 수준을 우리가 따라가고 있는지 항상 조바심 내고, 교사들이 과연 자신들의 의도에 따라 교육 행위를 하고 있는지 확인하고 싶어 하는 것, 그것이 수업 공개의 본질이라고 판단합니다.

수업 공개보다 더 중요한 것이 교사들 사이에 생활 속의 소통입니다. 교사들이 항상 수업과 생활지도에 대해서 자연스럽게 이야기하고 서로의 교실을 넘나들면서 필요하면 언제든지 수업을 서로 참관하는 그런 관계가 필요합니다. 더 나아가 수업으로부터 자유로운 교사, 지역사회에 시민으로 참여하고 아이들과 함께 성장하는 자신의 삶 자체가 교육인 교사, 그런 교사의 삶이야말로 진정한 수업 혁신이자 학교 혁신의 토대가 되지 않을까요.

그런데 마을 속의 교사가 되어야 한다고 하면 질문을 하는 선생님들이 있어요. 학구에 살지 않는 내가 어떻게 마을 사람이 되느냐는 거지요. 마을에 살면 더 좋겠지요. 하지만 마을에 살지 않으면서도 지역에 대한 애정과 존중하는 마음을 가지고 아이들을 대한다면 그 역시 마을 속의 교사라고 생각합니다. 그 교사가 자기 고향 이야기와 경험을 가지고 아이들과 대화를 나누면서 서로의 경험을 비교한다면 어떨까요? 아이들의 관심을 확장시켜주면서 고장을 더 분명하게 인식하는 계기가 될 것입니다. 같은 동네 사람으로서 지역에 관심을 가지는 것도 중요하지만, 다른 동네 사람이 관심을 가지고 참여하면서 마을 속에서 함께한다는 것도 중요한 의미가 있는 것이지요. 그러면 마을 속의 교사가 되기 위해서 가장 먼저 해야 할 일은 무엇일까요?

나는 교사가 발령이 나면 자기 학교가 있는 동네, 그 학구를 구석구석 다녀봐야 한다고 생각합니다. 이러한 실천을 통해 교사는 아이들의 삶을 쉽게 이해할 수 있습니다. 또한 아이들이 동네에서 벌어지는 사건이나 자기들의 생활을 이야기할 때 쉽게 상황을 파악할 수 있습니다.

또 하나 중요한 실천은 지역사회 기관을 방문하는 것이겠지요. 처음에는 자기 반 아이가 다니고 있는 지역아동센터와 주민센터를 방문할 수 있을 것입니다. 지역아동센터를 방문하면 아이를 돕기 위한 협력 관계를 만들어낼 수 있어요. 더 중요한 것은 그 아이가 아주 좋아한다는 것입니다. 그런 관심을 받아본 적이 없었던 것이지요. 더구나 요즘 지역아동센터에는 관계를 형성하는 데 어려움을 느끼는 아이들이 많이 모여 있잖아요. 그런 아이들이 선생님과 마음을 교류할 수 있는 관계를 맺게 되면 생활지도에도 많은 도움이 되겠지요. 주민센터에서는 동네 지도, 동네의 옛 사진을 구할 수도 있고, 토박이 어른들과 만남을 주선해달라고 요청할 수도 있습니다.

더 나아가면 교육과정 설명회를 동네에서 할 수도 있겠지요. 요즘 교육과정이 동네를 가르치게 되어 있는데, 교사뿐만 아니라 부모, 지역사회의 여러 기관들이 함께해야 한다는 것을 이해시키는 과정이지요. 이러한 과정을 통해서 동네에서 교육 역량을 어떻게 만들어가야 하는지에 대해 논의하게 된다면 지역사회와 학교의 관계는 아주 많은 변화가 생길 것입니다.

저기 최 선생님은 이번에 지역사회 기관들을 방문했는데 반응이 어땠어요?

최 선생 엄청난 환대였죠. 있는 자료를 다 주겠다고 하고 지금 당장 오라는 반응이었어요.

원래 그런 것입니다. 동네 사람들은 지역사회에 관심을 가진 교사들을 열렬히 환영하게 되어 있어요. 더구나 모든 교사들이 그렇게 방문한다고 생각해봅시다. 그러면 지역사회 기관들은 자료를 축적하고 보급하기 위해 노력할 것입니다.

그리고 김 선생님은 교실에서 교육과정 설명회를 해보았지요?

김 선생 학교 교육과정 설명회는 너무 형식에 치우쳐서 저는 교육과정 설명회를 교실에서 했어요. 1학년 교육과정은 통합, 국어, 수학, 창체로 구성되어 있어요. 특히 통합이 중요한데, 나와 동네, 가족,

이웃 등을 배우게 되어 있고, 이것은 교사인 나 혼자는 힘들고 부모와 함께해야 한다. 그래서 동네 나들이도 해야 하고 이웃과 관계도 터야 하고 그런 이야기를 했는데, 여태껏 그런 이야기를 한 번도 들어본 적이 없다면서 부모들 반응이 아주 좋았어요. 모든 것은 학교에서 알아서 하고, 부족한 것은 학원을 보내면 된다고 생각했다는 거죠. 눈물을 흘리는 부모도 있었어요. 내가 정말 해준 게 아무것도 없네 하면서.

자, 김 선생님은 그런 경험을 통해서 부모와 진정한 배움의 관계를 만들었는데, 모든 교실에서 이러한 교육과정 설명회가 이루어진다면 학교 문화가 많이 바뀌겠지요. 마을이 기반이 된다면 혁신학교보다 학교 혁신이 훨씬 더 쉬워집니다.

아파트 단지 차원에서도 교육과정 설명회를 열 수 있을 거예요. 학년 군이나 학교 급별 단위로 부모를 대상으로 한 교육과정 설명회를 하는 것이지요. "교육과정이 이러니 우리 부모들이 이렇게 하자!", "부모들이 돕지 못하는 아이들은 이렇게 돕자."라고 의견을 모으면 훌륭한 마을 만들기 프로그램이 될 수 있지요. 동네 교육과정 설명회는 더욱 흥미진진해질 수 있어요. 동네 교육과정 설명회에서는 우리 동네가 교육과정의 중심 주제 가운데 하나인데 우리 동네에는 자료가 없다. 그러니 지금 각 기관들이, 보기를 들어 소방서 같은 경우에는 아이들한테 소방서의 역할이 무엇인지 쉽게 이야기할 수 있는 그런 사례와 이야기를 지금 만들자. 그러면 아이들의 자유학기제와 진로 교육도 우리 동네에서 가능하지 않겠느냐. 동네에서 그런 공론장이 형성되면 공간이 남는 데가 있으면 애들을 위한 동아리 장소도 제공할 수 있고, 또 기능을 가진 사람들은 아이들을 위한 동아리 지도자가 되자고 서로 부추기는 것이지요.

자, 이러면 동네 속의 학교가 되고, 마을 속의 교사가 되는 것이 어렵지 않겠지요. 이러한 활동을 하는 사람이 마을 속의 교사입니다. 지식의 전달자가 아니라 지역사회의 소통과 마을 교육과정의 기획자. 가슴이 뛰지 않나요? 이러한 교사를 기르려면 교대 교육과정도 바뀌어야 합니다. 교과 지식만 가르치는 것이 아니라 아이들 세계로 어떻게 들어가야 하는지, 지역사회와 어떤 관계를 유지해야 하는지, 부모랑 어떻게 협력해야 하는지 가르쳐야 하지요. 전 사회가 교사들을 교과 중심 교사가 아니라 마을 속의 교사가 될 수 있도록 도와야 합니다.

이번에는 공동체를 살리는 교육과정의 또 다른 중요한 기반인 사회적 부모와 지역사회 기관의 역할을 이야기해봅시다. 앞서 얘기한 것처럼 교사들은 교과 내용의 단순한 전달자가 아니라 지역사회의 교육 자원을 찾아내고 조직하는 사람이 되어야 합니다. 그러면 학부모들은 어떤 역할을 수행해야 할까요?

대안 교육과정에서 부모의 역할은 아주 중요합니다. 학생이 자기 힘으로 학습과정과 내용을 결정할 수 있으려면 부모와 지역사회는 아이를 지원할 수 있는 교육력을 가져야 하기 때문이지요. 한 사람의 성장에는 개인의 노력만이 아니라 자신을 공감하고 지지하는 세계가 필요합니다. 한 사람을 위해 사회 문화 기반이 지닌 잠재력을 최대로 높일 수 있는 공동체는 그래서 중요하지요. 이러한 공동체 형성에서 부모들이 중요한 역할을 담당해야 합니다. 공동체를 살리는 교육과정에서 학부모는 첫 번째 교사가 되어야 합니다. 가정생활에서 교육 자원을 찾아내고 자기 아이와 나눠야 할 뿐만 아니라 교실에서도 자신의 경험을 전달하고 함께 나누는 시간을 가져야 합니다. 부모들은 또한 교사들과 대등한 협력자가 되어야 합니다. 교사들에게 자신의 교육관을 이야기해주어야 하고 교사의 교육관과 아동관, 교육과정에 대한 철학도 알려달라고 요청하면 좋겠지요. 아이들의 왕따 문제와 같은 생활지도 문제도 함께 해결할 수 있는 목표와 방법을 공유해야겠지요.

지역사회와 학교를 연결하는 촉진자의 역할도 해야 합니다. 지역사회의 여러 현상들을 학습의 주제로 삼도록 요구하고, 학교에 대한 지역 사람들의 기대를 전달해야 합니다. 학교와 아이들을 위해서는 지역사회의 역할, 즉 마을에서 교육 자료를 축적하고 이를 활용할 수 있는 하부구조를 만들 수 있도록 지역사회의 여론을 형성해야 합니다. 이러한 부모를 사회적 부모라고 할 수 있겠지요.

사회적 부모는 내 자식만이 아니라 우리 아이들 세대 전체를 생각하는 부모를 말합니다. 그런데 많은 부모들이 자기 아이만을 바라보고 있습니다. 자기 아이의 심리 반응, 특히 공부를 시키기 위해서 아이를 어떻게 다루어야 하는지에 대해서만 고민하고 있는 것이지요. 이런 상황이 지속된다면 우리 교육이 변하기 어렵습니다. 따라서 시급한 것은 경쟁 문화를 벗어나서 우리 아이들을 어떻게 도울 것인가를 생각하는 부모들의 동아리 형성입니다. 나는 부모들의 동아리를 학교가 아니라 동네에 만들었으면 좋겠습니다. 동네에서 초등학교 부모 모임, 중학교 부모 모임, 고등학교 부모 모임을 가지면서 교육을 위해서 할 일을 함께 찾아보고, 지역사회를 교육 공간으로 바꾸기 위해 함께 노력을 하는 것입니다. 교육청과 지방자치단체의 지원이 있으면 더욱 좋겠지요.

현재 마을 만들기 운동과 함께 공동체 운동에 관심을 가진 사람들이 많이 생겨나고 있습니다. 이들과 함께 교사들이 마을 공부 모임을 만들어서 아이들을 위한 교육 자료들을 만들고, 지역사회 교육환경 개선을 위해 함께 노력하는 것이 중요합니다. 청주 수곡동의 경우에도 학교 교사와 부모들이 함께 모임을 만들어서 동네 답사를 하고 있지요. 그렇게 발굴된 내용들을 정리해서 카페도 만들었습니다. 이게 더 발전하면 아이들을 위해서는 물론 새롭게 전입한 교사들을 위한 자료 제공과 지역사회 안내까지도 맡을 수 있을 것이라고 봅니다.

지역사회 기관들의 역할 역시 중요한데 이는 앞에서 이야기했으므로 생략하겠습니다. 문제는 동네에 있는 여러 기관들보다는 시민단체들의 역할이 문제가 될 텐데요, 이들은 시·군·구 단위로 활동을 하지요. 그래서 읍년농 단위로 일할 수 있는 사람도 부족하고 소통할 수 있는 생활 경험도 부족합니다. 따라서 시민운동을 하는 사람들이 공동체 안에서 녹아들 필요가 있습니다. 사업을 할 때도 자기 이름으로 사업하면 주민들이 거부반응을 가질 뿐만 아니라 지속성을 가지기도 어렵습니다. 다시 말하면 마을에 자기 지부를 만드는 방식이 아니라 시민단체 활동가들이 주민으로서 지역 공동체에 참여하는 것이지요. 인권운동을 하는 사람 역시 정부에 대해 제도 요구만 할 것이 아니라 자기 동네에 살고 있는 장애인과 노약자들을 위한 편의시설을 마련하기 위해 같이 행동할 수도 있을 것입니다. 민주노총 조합원들도 자기 동네에 있는 편의점, 주유소에서 아르바이트하고 있는 학생들을 위해서 그들이 최저임금을 받고 있는지, 최저임금의 기준을 더 높이기 위해서 어떻게 할 것인지 함께 토론할 수 있습니다. 이러한 활동 모두가 공동체를 살리는 교육과정의 바탕이 될 수 있습니다.

요즘 혁신학교만으로는 한계가 있다고 해서 혁신교육지구사업이 진행되고 있습니다. 지방자치단체와 교육청이 힘을 합해서 공동체에 기반을 둔 교육을 하겠다고 나서는 것이지요. 지난봄에 경기도 혁신지구 담당자들을 상대로 특강을 한 적이 있습니다. 이번 강좌에서 한 내용들 가운데 일부만 이야기를 했는데 아주 공감하는 반응이 나오더군요. 내가 15년 전에 이 이야기를 할 때만 해도 당신만 가능하다는 반응이었는데, 그때 장학사가 나를 소개했던 말이 지금도 생생히 기억납니다. "미래에서 온 선생님"이라는 말이었지요. 그런데 이렇게 교육청과 지방자치단체가 먼저 공동체에 기반을 둔 교육과정을 이야기하는 것이 우려스럽기는 합니다. 공동체 운동의 뿌리가 없는 상태에서 돈만 퍼부으면 실적 중심의 사업이 될 수밖에 없고, 주민들은 자신의 일이라고 생각할 리 없기 때문이지요. ○○시의 경우, 지방자치단체가 지원하는 예산이 250억 원이라고 합니다. 이제는 예산이 부족한 것이 아니라 공동체 활동의 실체가 없다는 것이 문제이지요. 요즘 들어서 일부 혁신학교에서 마을공동체를 이야기하는 것도 우려스럽기는 마찬가지입니다. 혁신학교의 경험을 확산하겠다고 하는데, 현재 혁신학교의 경험 가운데 과연 마을에 확산할 내용이 있을까요? 또 학교에서 벌이는 여러 사업들을 지역사회에 넘기겠다는 것, 또는 지역사회를 학교 사업에 활용하고 동원하겠다는 것이 목적인 것 같은데, 관계를 형성하지 않고 그런 의도를 앞세우면 지역사회의 분노와 불신의 대상이 될 수 있습니다. 우리가 평화샘 프로젝트를 하면서 느낀 것은 마을 사람들이 학교에 대해 강한 분노를 가지고 있다는 것이에요. 학교에서 필요한 것은 이것저것 해달라고 하면서 정작 마을의 요구에 대해서는 아무런 반응이 없다는 것이지요. 학교와 지역사회가 맺는 관계를 근본에서부터 다시 검토하고 성찰할 때 길이 열릴 것입니다.

자, 이제는 자료의 중요성에 대해 이야기를 하려고 합니다.

현재 마을 단위의 자료는 거의 없다시피 하지요. 제대로 마을 중심의 교육이 이루어지려면 그 마을과 관련된 자연사, 역사, 민속, 마을 사람들의 이야기 등이 여러 권의 자료로 정리되어야 합니다. 지금 향토사 쪽에서 나온 자료는 낡고 고루하다는 느낌이 들지요. 오늘날 우리들의 입장이 아니라 양반이나 유명한 유학자들의 시선이라고 볼 수밖에 없는 내용이 많으니까요. 요즘 사람들의 생활 감정이 반영된 자료, 모두가 함께 읽을 수 있는 자료가 필요합니다. 그러한 자료들은 그 동네에 있는 사람들이 관심을 가지지 않으면 만들 수가 없습니다. 그래서 지금 수곡동에서 진행되는 공부 모임의 자료 만들기는 아주 의미 있는 작업입니다.

마을과 학구 단위에서 수집하고 연계할 자료는 크게 3가지로 나눌 수 있습니다. 하나는 마을의 자연환경에 대한 자료입니다. 마을에 살고 있는 식물과 동물, 지질, 지형에 대한 상세한 정보가 정리되어야겠지요. 그리고 그것을 학문 중심의 사고로 보는 것이 아니라 지역 사람들의 삶에 지닌 의미를 마을 사람의 입장과 관점에서 재정리해야 합니다. 둘째, 마을의 역사 문화 자료도 정리해야겠지요. 유형문화재뿐 아니라 무형문화재, 최근의 생활사 자료들, 지금 살고 있는 사람들과 인터뷰하면서 만들어진 구술사 자료들을 정리하고 교육 자료화해야 합니다. 셋째, 현재 마을의 상황을 이해할 수 있는 자료들, 즉 마을 권역과 공간 구성, 인구 변동, 산업, 지역사회의 갈등 상황에 대한 자료도 모아야 합니다. 이러한 자료를 바탕으로 마을의 문제점을 발견하고 그것을 해결하기 위한 계획과 실천 방법도 함께 논의할 수 있을 것입니다. 아이들은 단지 미래의 주인공이 아니라 오늘의 사회문제를 함께 해결하는 역사 창조의 주체가 되어야 하기 때문입니다. 아이들이 자기 동네 거리가 더럽다고 불평만 하게 내버려둘 것이 아니라 다른 지역의 아름다운 거리들을 찾아보고 자기 동네를 바꿀 수 있는 토론과 실천운동을 하게 하는 것이 그렇게 어려운 일일까요. 우리 동네 달인 찾기를 통해 지역사회의 교육 역량에 대한 인식을 높이고 아이들 스스로 자부심을 높이는 것도 가능할 것입니다.

이러한 자료들과 함께 하부구조 역시 중요합니다. 마을 단위로 역사관, 박물관을 만들면 좋겠지요. 돈이 없어서 새로운 건물을 지을 수 없다면 마을회관, 주민센터를 활용해서 마을의 자연환경, 역사 문화 자료, 마을의 현실 문제 해결을 위한 교육 자료들을 갖춘 방을 만들면 됩니다. 농촌의 경우 마당에는 마을에 있는 쟁기 등 물질 자료들도 모아놓을 수 있겠지요. 1년 중에 기간을 정하여 부모들이 직접 설명해준다면 더 좋은 효과가 있을 겁니다. 지역사회 차원에서는 지역학, 보기를 들면 청주학 운동을 펼칠 수도 있겠지요. 도서관이나 서점에 지역사회 자료실이나 코너를 만들고 지역사회를 공부하는 프로그램을 개설하는 것입니다. 지역사회를 함께 공부하는 것이 그 사회의 집단 지능이 되어야 공동체를 살리는 교육과정이 완성됩니다. 특히 현재 학교 교육과정에서 3, 4학년은 시·군과 도를 배우게 되어 있는데, 이러한 지역학의 밑받침이 없으면 통합 교육은 불가능한 것입니다. 이렇게 공동체에 교육 기반을 만들 수 있는 사람 관계와 대안 지식 생산, 공동체 교육이 가능한 하부구조를 만들어가는 것이 우리 앞에 놓인 과제입니다.

이제 마지막으로 지금까지 강의한 내용들이 지식 체계 안에서 어떤 의미들을 가지는지 조망해보겠습니다. 지식은 여러 가지로 분류되지만 독사doxa, 즉 도그마dogma와 오소독시orthodoxie, 헤테로독시heterdoxie로 나눌 수도 있습니다.

독사는 서양 중세의 기독교나 조선 시대의 성리학처럼 그 지식 체계에 대한 질문 자체가 용납되지 않는 지식입니다. 사회 규범이나 의식, 제도가 그 지식 체계에 의존하기 때문에 다른 입장을 이야기하는 것 자체가 공동체를 파괴하는 것으로 받아들여지기 때문이지요.

오소독시는 그 시대의 정통 지식 담론입니다. 과학이 오늘날의 오소독시입니다. 과학은 독사에 대항하는 것 같지만 실제로는 헤테로독시, 즉 과학에서 이단으로 부르는 대안 지식 체계에 대해서 대항합니다. 민중들의 삶이 녹아 있는 지역 지식이나 민중 지식, 개인 지식이 과학 안에서는 절대 수용되지 않는 것이 그러한 까닭입니다.

　그러면 이 세 가지 지식의 분류 체계 중에 우리의 연구는 어디에 해당할까요? 헤테로독시라고요? 네, 맞습니다. 우리는 과학이 객관 세계에 대한 연구 방법으로는 나름대로 타당성이 있기 때문에 과학 연구 자체는 수용하지요. 하지만 그 연구가 과학을 위한 과학이 아니라 삶을 위한 과학이라는 측면에서 재배치되어야 한다고 믿습니다. 그리고 문화와 예술처럼 주관적이거나 간주관적인 영역에 대한 연구 방법으로는 적절하지 않다는 것을 알고 있지요. 그래서 우리는 문화에 대한 연구에서는 그 문화에 속한 사람들의 이야기를 다양하게 드러냄으로써 실체를 파악하려고 합니다. 그것도 전문가가 아니라 그 현장에 있는 사람들이 자신의 삶과 요구, 경험을 드러내서 체계화하려는 것이 우리의 신조이지요. 따라서 기존의 분과 중심의 학문, 전문가 중심의 학문에 대해서 헤테로독시, 즉 대안의 지식 체계가 될 수밖에 없는 것입니다. 진정한 교육혁명은 헤테로독시를 기반으로 할 때만 가능하다는 것이 내 입장인 것입니다.

　이번 강좌를 통해서 우리는 교육이라는 것이 문화 기반 속에서 가능하기도 하지만 그런 문화 기반을 만들어가는 일이기도 하다는 것을 다시 한 번 확인할 수 있었습니다. 우리 평화샘 선생님들이 공동체를 살리는 교육과정에 대한 이해가 깊지 않았는데, 요즘 들어 마을에서 놀이, 나들이, 동네 공부를 하면서 몸으로 느끼고 깨닫는 것 같아서 기쁩니다. 그래서 이제는 우리의 체험과 인식의 공유가 새로운 실천의 기반이 되고 있습니다. 이러한 우리의 감정과 지식의 공유를 더 깊게 할 수 있으면 좋겠습니다. 고맙습니다.(박수)

강의를
듣고

아이들이 사는 동네를 공부하는 교사

김미자

내가 근무하는 학교는 청주 서쪽에 위치한 가경동에 있다. 지금 있는 학교로 전근 온 지 2년이 다 되어가지만 집과는 정반대쪽에 자리 잡고 있고 시외버스 터미널이 있다는 것 외에는 아는 것이 거의 없었다. 그동안 출퇴근을 하면서도 집과 학교를 잇는 버스 노선 외에는 별 관심도 없었다. 이런 내가 지역에 관심을 갖고 공부를 시작하게 된 계기는 소장님의 강의를 듣고서이다.

아이들이 살고 있는 마을을 공부하지 않는 것은 아이들을 존중하지 않는 거예요. 왜냐하면 아이들이 살고 있는 그 지역과 사람에 대한 관심을 가져야 하는데 그러지 않는다는 것 자체가 아이들의 세계를 존중하지 않는 것이기 때문이에요. 또 하나는 교육적으로 옳지 않아요. 아동 발달 단계로 볼 때 특히 초등학교 때나 유치원 때는 자기 눈에 보이는 것부터 시작해야 하지요. 아이들 주변에 펼쳐진 사물,

산, 강과 들, 생물로부터 시작하지 않고 문화유산으로부터 시작하는 교사들이 많은데 이는 아동 발달 단계라는 측면에서 타당하지 않습니다. 교사가 아이들과 함께 자기 눈앞에 있는 것에 호기심과 관심을 기지고 지적인 탐색과 정서적인 공감을 하는 과정에서 진정한 관계가 만들어지고, 부모도 함께 참여해서 배울 수 있는 배움의 원이 만들어지는 것이지요.

이 말에 가슴이 뜨끔했다. 교직생활 20여 년 동안 근무하는 학교가 있는 지역을 제대로 공부한 적이 없었기 때문이다.

그래서 연구소의 도움을 받아 교사로서 지역 공부를 제대로 해 보기로 했다.

먼저 5만분의 1 지형도로 청주 지역의 산줄기와 물줄기 흐름에 대해 살펴보았다. 가경동은 북서쪽으로 부모산, 남동쪽으로 망월산과 팔봉산이 아파트 건물 사이로 조금씩 보였다. 하천은 가경천과 석남천이 있는데 가경천은 남에서 북으로 흘러 미호천으로 합류하여, 금강, 서해바다로 흐른다. 석남천도 남에서 북으로 흘러 조치원 부근에서 미호천과 합류한다. 그다음 지명지, 전설지에서 가경동과 관련된 땅이름과 이야기를 찾았다. 가경동은 본래 청주군 서주내면에 속한 지역으로 '아름다운 골짜기'라는 뜻의 '가경골佳景-'이라는 이름이 붙었다고 한다. 가경동은 가경골(바깥 가경골과 안 가경골을 아우른 지역), 감나무골(발산리 남동쪽에 있는 마을), 발산리

(풍년골 남동쪽에 있는 마을), 풍년골(가경동 북쪽 국도변에 있는 마을), 홍골(감나무골 뒤쪽에 있는 마을) 등의 마을로 이루어져 있고, 내가 근무하는 서경초등학교는 감나무골에 자리하고 있다.

가경동 지리에 익숙해지기 위해 관내도를 구해 도로명을 익히는 것부터 시작했다.

가경동은 남동쪽에서 서북쪽으로 2순환로, 풍년로, 가경로가 관통하는데 이 도로들은 북으로 가로수로와 남으로 서부로와 맞닿아 있다. 동서로 뻗어 이 도로들과 수직을 이루는 도로는 풍산로, 경산로, 장구봉로, 서현로가 있는데, 이 정도의 도로만 익혀도 가경동 지리는 쉽게 파악할 수 있다.

출퇴근할 때 버스에서 관내도를 펼쳐 도로명을 익혔는데, 지도를 보며 다음 도로의 이름을 맞히는 일이 무척이나 흥미로웠다. 가경동에 관심을 가질수록 궁금한 것이 더 많아졌고 그 궁금증을 풀려는 마음에 동네에서 오래 사신 토박이 어르신을 만나보고 싶었다. 그래서 제일 먼저 찾아간 곳이 주민센터였다. 처음에는 어떤 말을 할지 떨리고 긴장이 되었다.

인터넷에서 주민센터의 위치와 전화번호를 검색하여 우선 전화로 연락을 해보았다. 용건을 밝히자 수화기 속에서 친절한 목소리가 들려왔다.

"아, 선생님이세요? 아마 민원계장님께서 가장 잘 알고 계실 거 같아요. 여기 오래 사셨으니까요. 잠시만 기다리세요."

그리고 얼마 후에 계장님과 통화할 수 있었다. 어떤 반응일까 두 근대는 마음으로 이야기했다.

"안녕하세요? 저는 ○○초 교사 김미자입니다. 가경동에 있는 학교로 옮긴 지도 일 년 만이나 되었시만 시역에 대해 잘 볼라 배우려고 하는데, 가경동에 대해 잘 알고 계신 어르신을 소개해주셨으면 합니다."

행정민원계장은 밝은 목소리로 말했다.

"선생님께서 배우신다고 하니 도와 드려야지요. 제가 한번 찾아보고 바로 연락드릴게요."

잠시 후 다시 전화가 왔다.

"문화방송 뒤 홍골이라는 마을은 아직 옛날 모습이 많이 남아 있어요."

"아, 그럼 제가 홍골 경로당을 찾아가면 될까요?"

"거긴 경로당이 없어요. 아, 그것보다 통장협의회장님이 좋겠네요. 이 지역에서 오랫동안 통장을 하셨으니까 아주 잘 아실 거예요. 그리고 한 분 더 여기서 토박이로 오래 사셔서 가경동에 대해 잘 알고 계신 분이 있어요."

"이렇게 도와주셔서 정말 고맙습니다."

"뭘요. 그럼 다음 주 월요일 다섯 시에 주민센터에서 보는 걸로 하죠."

"저……. 관내도도 필요한데요."

"아, 여기 다 있어요. 제가 도움이 될 만한 자료 찾아놓고 기다리겠습니다."

성심껏 도우려는 계장님의 친절이 느껴져 마음이 따뜻해졌다. 그리고 무엇보다도 지역 사람과 관계를 맺게 되니 가경동 사람이 된 것 같아 뿌듯했다.

약속한 월요일, 장소는 동장실이었다. 여자 동장님이셨는데, 따뜻한 미소와 시원한 음료수로 반겨주셨다. 약속한 손님이 오시기 전에 동장님과 잠시 이야기를 나누었는데, 용건을 이야기하니 자신도 올해 이곳에 와서 처음에는 정말 어리둥절했다고 말했다. 그래서 틈나는 대로 여기저기를 다니며 조금씩 배우고 있다는 동장님의 말을 들으며 그동안 내 태도를 반성했다.

잠시 후, 계장님은 가경동 현황을 브리핑하면서 관련된 자료도 찾아주셨다. 그렇게 기다리다 보니 통장협의회장님께서 오셨다. 다른 한 분은 급한 사정이 생겨 오늘은 오지 못한다고 했다. 통장협의회장님도 적극 나서주셨다. 자신이 잘 모르는 부분은 아는 사람을 소개해주셨고, 어느 틈엔가 동장님도 합석하여 네 사람은 옛날 이야기에 흠뻑 빠졌다.

통장협의회장님이 소개해주셔서 86세 되신 할아버지도 만나보았다. 할아버지는 "이게 뭐 중요한 거라고." 하시면서도 더 이야기 해주시려고 애쓰셨다.

"요 앞으로 가면 연자방아도 있었고, 장에 갈 때는 장구봉으로 돌아서 다녔지."

기억을 더듬어 말씀하시는 할아버지는 연신 웃으셨다.

"제가 근무하는 ○○초등학교는 예전에 뭐였어요?"

"거기는 뭐 죄다 논밭이었어. 근데 택지 개발을 한다고 싹 밀어버려서 아무것도 없지."

순간 할아버지의 얼굴에 쓸쓸한 표정이 스쳐 지나갔다.

할아버지는 아픈 몸을 이끌고 천지신단이 있는 곳을 알려주겠다며 발산공원까지 동행을 해주셨다. 다음에 꼭 오라고 당부를 하시는데, 마치 친정에 온 듯 편안한 느낌이었다.

할아버지 말씀처럼 많은 옛길과 장소가 택지 개발로 흔적도 없이 사라져 찾아볼 수가 없다니 정말 안타까웠다. 문헌에 지명은 나와 있지만 그 지명이 어디를 말하는지 찾을 근거가 모두 사라진 것이다. 스스로 지명을 공부하고 그곳을 찾아다니면서 지역에 대한 지리 인식을 초보적이나마 가질 수 있게 되었다. 지명이야말로 역사와 민속, 생태적 지식 등 이 모든 것을 통합할 수 있는 최고의 문화유산이지만 개발과 함께 지명도 역사도 사라지고 말았다. 그래도 감나무골 사시던 동네 분들이 대부분 홍골로 이사 갔다는 이야기에 실낱같은 희망을 안고 홍골에 가보기로 했다.

금요일 저녁, 스산한 바람이 불었다. 구름이 잔뜩 끼어 그렇지 않아도 어두컴컴한 거리가 더욱 쓸쓸해 보였다. 버스에서 내리는데 할아버지 한 분이 함께 내렸다. 어둑해진 그곳을 바삐 걸으시는 할

아버지께 감나무골에서 이사 오신 분 중 연세가 많으신 분이 누구인지 여쭈어보았다.

"다 돌아가셨지."

좀 더 일찍 찾아보지 못한 점이 너무도 아쉬웠다. 마을 전경과 홍골 방죽 연잎 그리고 저녁노을을 사진으로 담고 아쉬운 발걸음을 돌렸다.

내가 가경동의 이곳저곳을 다녀본 한 달은 이 지역 학교의 교사로서 가경동에 사는 아이들 세계를 이해하고 함께 나누려고 했던 의미 있는 시간이었다. 그 어느 때보다 아이들이 살고 있는 동네가 가깝게 느껴졌고 그 과정에서 만난 주민센터 직원 분들, 동네 토박이 할아버지들이 계셔서 더욱 그러했다. 이분들 또한 자신이 가경동 주민이라는 것에 자부심을 느끼는 계기가 되었을 것이다.

그저 아이들이 사는 동네가 궁금해서 배우려고 나섰을 뿐인데 지역 주민들은 굉장한 환대를 해주었다. 내가 그 지역에 사는 교사이기에 전폭적인 지지와 지원을 보내주었고, 사람들을 찾아다니며 이리저리 이야기를 하다 보니 동네 사람들도 자신의 지역에 관심을 갖게 되고 흩어졌던 지식과 이야기, 인간관계가 새롭게 연결되는 것을 볼 수 있었다.

최 선생 용인학연구소 방문기

최진숙

    나는 초등학교 6학년 때 용인으로 이사를 와서 대학 시절을 제외하고는 줄곧 용인에서 살고 있다. 내가 어릴 적 살던 공장 사택은 우리 부모처럼 직장을 찾아 각지에서 온 사람들이 모인 곳이라 딱히 동네에 대한 이야기를 해줄 어른이 계셨던 것도 아니고 나도 용인에 대해 굳이 알려고 하지 않았다. 성인이 되어서도 학교 울타리 안 교사로만 살아왔다. 동네 사람으로 살아본 적이 없는 나로서는 마을 속 교사가 되는 것이 정말 막막한 일이 아닐 수 없다. 우선 용인에 대해 알아야 했다. 그러기 위해 지역 자료와 내게 도움을 줄 사람을 찾아야 했다. 지역을 알고자 하는 사람은 지역에서 환대받는다고 했다. 그 말에 용기를 얻어 지난여름 같은 학교에 근무하는 신 선생과 함께 지역사회 기관을 찾아가기로 했다.

    용인에 대한 자료를 구하거나 도움을 얻을 수 있는 기관이 용인 문화원이다 싶어 가장 먼저 문화원에 문의를 했다. 그런데 문화원은 지역 자료를 발간하는 사업을 하긴 하지만 자료를 직접 구하거나 도움을 받으려면 용인문화원 부설 용인학연구소에 가야 한다고 했다. '용인학'이라는 말을 처음 접했을 때 생소하기도 했지만 지역사회가 용인 지역에 대한 역사와 문화의 가치를 중시하고 학문으로서 존중하고 있다는 생각이 들었다. 하지만 학문이라는 말 자체가 일반 사람들에게는 내가 현재 살고 있고 쉽게 이야기할 수 있는 영역이 아니라 학자들이 다루는 전문적 영역임을 선언하는 것 같아 한편으로는 아쉽기도 했다.

용인학연구소 방문을 앞두고 전화를 하니 마침 이종구 용인학 연구소장이 직접 받았다. 용인 지역 초등학교 교사이고 지역 공부를 위해 자료를 구할 수 있을까 해서 연락드린다고 했더니, 당장이라도 오라며 우리를 반겼다. 심지어 집에도 자료가 있으니 본인 집으로 와도 된다고 했다. 전화 한 통화에 초대를 받으니 적잖이 당황스럽기도 했지만 이종구 선생의 호의가 싫지만은 않았다. 그날 오후 늦게 연구소 회원들과 묘역 답사를 한다는 얘기를 듣고, 답사 시간보다 일찍 우리가 연구소로 찾아갔다. 아마도 여름철 한낮의 무더위를 피해 오후 늦게 답사 일정을 잡은 듯했다.

용인학연구소는 예전 용인문화원 건물을 그대로 사용하고 있었는데, 용인시장 입구 안쪽에 있어 처음 가는 사람은 쉽게 찾기 어려웠다. 용인학연구소에 도착하자 이종구 선생이 아주 반갑게 맞아주어 낯선 곳을 방문할 때 느끼는 긴장감 없이 편안한 느낌이

들었다.

　중등 교사 출신인 이종구 소장은 우리가 교사라는 말에 더욱 반겼다. 교사 시절 뜻 맞는 용인 지역 교사들과 같이 용인 답사를 다녔고 지금도 중고등학교 학생에게 용인에 대한 상의를 한다고 했다. 교사가 지역을 아는 일은 중요하며, 교사가 먼저 용인에 대해 공부해야 한다는 것에 공감하는 자리가 되었다.

　우리가 기흥구에 있는 관곡초등학교에 근무한다고 하니, 항일 무장독립운동가 김혁 장군 출생지가 기흥구 농서리라며 김혁 장군에 대한 무용담과 그 후손이 현재 기흥구청에 근무하고 있다는 이야기를 해주셨다. 김혁 장군은 잘 몰랐지만 농서리가 어디에 있는지는 알고 있었고, 학교 바로 옆 기흥구청에 그 후손이 근무하고 있다는 말에 귀가 솔깃해졌다. 나중에 찾아보니 김혁 장군은 만주에서 김좌진 장군과 함께 활동한 유명한 항일 무장독립운동가이며, 우리 지역 국회의원이 김혁 장군 후손이라는 것과 우리 학교가 위치한 구갈동에 김혁 장군을 기리는 김혁공원이 있다는 것도 알게 되었다.

　평화샘 모임 교사들이 용인에 대해 공부하고자 사은정과 음애 이자 고택을 답사할 예정이었다. 사은정은 조선 중종 때 조광조, 조광보, 조광좌, 이자 등이 도의로 친우를 맺고 노년의 생활을 즐기려고 세운 정자로 기흥구 지곡동에 있다. 자료도 얻고 도움도 받을 겸 답사 이야기를 꺼냈는데, 선생은 사은정 보존회 일을 하고 있다며 더욱 반색하였다. 매년 사은정 보존회에서는 학생 대상 글 짓기 대회를 연다. 참가만 해도 참가 학교에 20~30만 원 이상의 포 상을 주는데 참가하는 학교가 적다며 아쉬워했다. 사은정은 우리 가 근무하는 학교에서도 멀지 않은 데다 포상금에 솔깃한 우리는 내년엔 우리 학교 애들을 데리고 꼭 사은정 글짓기 대회에 나가겠 다고 약속을 하였다. 포상금 운운하며 대회 참여 이야기를 하긴 했지만 지역 주민들이 하는 행사에 아이들이 참여하고 우리 지역 에 이런 문화유산이 있다는 것을 알리는 것만으로도 의미 있는 일 이라 생각했다.

선생은 사은정 근처에 텃밭을 가꾸고 있는데 자기 밭에서 상추 는 얼마든지 뜯어 가도 된다며 사은정 답사 때 점심은 삼겹살을 구워 먹으면 어떠냐고 제안했다. 사은정은 낮에도 좋지만 달밤에 캔맥주와 치킨을 먹기에도 그만이라며. 문화재는 보통 보존을 위해 출입을 못하게 하는데 사은정 보존회 일을 하신다는 분이 정말 파 격적인 제안이 아닐 수 없었다. 나중에 평화샘 모임에서 사은정 답 사를 갔을 때 이종구 선생 제안을 떠올리며 정자에 오르려 했지만 문이 닫혀 있어 그러지는 못했다. 환한 대낮이 아닌 밤이었다면 과 감하게 올랐을까……. 대신 정자에 올라 달빛을 받아 환하게 빛나 는 부아산을 바라본다고 상상하니 그만한 정취가 없을 듯했다. 우 리가 정자를 볼 때는 그 건물 자체를 문화유산으로 대하지만, 사 실 주변의 경치가 포함되지 않은 정자는 반쪽짜리 문화재가 아닌

가. 사은정의 조망은 바로 정면에 모텔이 가로막고 있어 너무나 아쉽고 안타까웠다. 문화재를 제대로 보존하려는 의지가 있다면 그 자리에 건축 허가를 내주면 안 되었다. 사은정 답사는 용인 문화 행정의 한계를 여실히 느끼는 시간이기도 했다.

답사에 같이 참여했던 허 선생이 얼마 전에 3학년 아이들과 사은정과 이자 고택으로 현장 체험학습을 다녀오려 한다며 이종구 선생의 연락처를 물었다. 나중에 통화는 잘했느냐고 물으니 이자 고택과 사은정 체험학습 때 화장실이 마땅치 않아 고민이었는데 선생이 자기 집 화장실을 쓰라고 해서 해결됐다며 좋아했다. 현장 체험학습 때는 이종구 선생이 마중 나와 설명도 해주시고 안내도 하셨는데 마침 동행했던 학부모의 고등학교 은사였다고 한다.

이종구 선생과 이야기를 나누다 보니 어느덧 용인학연구소 회원끼리 답사하기로 한 시간이 훌쩍 넘었다. 우리 때문에 약속 시간에 늦어서 어쩌느냐고 걱정을 했다. 그러자 선생은 자기는 오늘 날이 너무 더워서 답사 안 갈 생각이었다며 걱정하지 말라고 했다. 우리와 이야기를 나누기 위해 약속을 미루는 것을 뻔히 알기에 더욱 고마웠다.

용인학연구소를 나서면서 『모현면지』, 『포곡면지』, 『수여지』, 『원삼면지』과 문화원에서 발간한 책들은 양손 가득 얻었다. 자료를 얻은 것도 소득이지만 지역을 알고자 하는 사람은 지역에서 환대받는다는 것을 온몸으로 느낄 수 있어서 더더욱 좋았다.

"울타리에서 배웠대요!"

서영자

나는 올해 3학년 담임을 맡고 있는데 2학기부터 일주일에 한 번씩 합동체육 시간에 놀이를 하고 있다. 두 번째 놀이 시간을 마치고 교실로 들어가려는데, 3반 남자아이들 6명이 끝까지 고무줄놀이를 하고 있는 것이 눈에 띄었다. 보통 고무줄은 여자아이들이 더 좋아하는데 남자아이들이 하고 있는 것이 신기한 데다 무엇보다 올해는 내가 고무줄놀이를 알려주지 않았는데 어떻게 알고 하는 건지 궁금했다. 속으로 작년에 우리 반이었던 진수가 알려주었나 하는 생각이 들어서 교실로 가는 아이를 붙들고 물었다.

"고무줄은 누가 하자고 했어?"

"재영이가요."

내 예상은 완전히 빗나갔다. 궁금증이 더 생겨났다.

"재영이는 어떻게 알게 되었대?"

"울타리에서 배웠대요!"

3반 아이는 대답하자마자 교실로 뛰어올라갔다. 나는 순간 아하! 감탄을 하면서 무릎을 쳤다. 동네에서 놀이 언니, 오빠들이 생기고 있는 것이다. 가슴이 벅차오르며 감동이 밀려왔다.

'울타리'는 학교 앞에 있는 지역아동센터 이름이다. 울타리에서는 올해 초부터 놀이 시간이 생겼다. 나는 우리 반 아이들이 교실뿐 아니라 아이들이 관계 맺고 있는 어느 공간에서든 놀이를 할 수 있는 여건을 만들어주고 싶었다. 그래서 울타리에서 놀이 시간을 만들어달라고 몇 차례 부탁을 하였다. 그러던 중 작년에 울타리에 다니는 우리 반 승환이가 놀이를 통해 변화되는 과정을 보신 센터장이 주 1회 놀이 시간을 마련해주었다.

일주일에 한 번씩 꾸준히 놀이를 하면서 나와 아이들의 관계에는 많은 변화가 생겼다. 전에는 울타리에서는 고개 숙여 인사해도 학교나 다른 곳에서 만나면 어색한 눈인사를 나누는 정도였는데, 놀이를 한 후에는 어디에서 만나든 아이들이 먼저 달려와 인사하고, 언제 또 오느냐면서 오늘은 무슨 놀이를 할 것인지 호기심 가득한 표정으로 물었다. 아이들은 주 1회 놀이 시간을 손꼽아 기다린다고 했다.

놀이 시간에는 비석치기나 사방치기를 주로 했다. 놀이 시간이 계속되자 아이들은 틈만 나면 비석치기나 사방치기뿐 아니라 자기가 알고 있는 놀이를 서로 알려주면서 여러 가지 놀이꽃을 피웠다.

센터장은 놀이를 통해 아이들 사이에 관계가 형성되고 공동체가 만들어지는 느낌을 받는다며 무척 좋아하셨다. 그래서 주 1회였던 놀이 시간을 아이들이 회의를 통해 주 2회로 늘렸다. 변화는 놀이 시간뿐이 아니었다.

"아이들한테 여유와 배려하는 마음이 생겼어요. 새로 들어오는 아이들도 놀이하면서 빨리 적응하고요. 그래서 그런지 아이들 사이에 다툼이 줄었어요. 다투는 일이 생겨도 빨리 해결되고요."

"요즘엔 초등생들 스마트폰 사용이 눈에 띄게 줄었어요. 전에는 복도나 책방 한쪽에서 스마트폰을 보고 있었어요. 그런데 요즘에는 프로그램 끝나면 복도에서 고무줄을 하고 놀이방에서 사방치기를 하곤 해요."

울타리 선생님께 재영이가 아이들에게 고무줄을 알려주는 걸 봤다고 하니까 엄청 기뻐하셨다.

"재영이가 엄청 열심히 했어요. 복도에서 누나들이 하는 거 보고 저도 하겠다고. 그거 울타리에서 엄청 열심히 한 덕분이에요."

이것만이 아니다. 학교와 지역아동센터뿐 아니라 동네에서도 함께하면 더욱 통합된 세계가 만들어질 것 같았다. 그래서 평화샘 동네 모임에서 목요 놀이터를 시작했다. 그러자 학교에서만 보는 사이가 아니라 동네에서 같이 놀이하는 친근한 동네 사람이 되었다. 요즘은 어려운 일이 있으면 부담 없이 도움을 청하고 서로 보살펴주는 관계로 확장되고 있다.

마을 사람으로 살아가기

강의를 들으면서 마을 단위 자료의 중요성에 대한 이야기가 가슴에 와 닿았다. 우리 마을 공부를 하면서 자료를 구하려고 고생도 하고 왜곡된 자료 때문에 헷갈린 적도 있어서 제대로 된 자료의 중요성을 절감했기 때문이다.

우리 마을 수곡동에서는 교사들과 부모가 함께 모임을 만들어 마을을 답사하며 공부를 하고 있다. 마을 공부를 시작할 때, 우리가 구할 수 있는 자료는 옛 문헌과 지명지에 나오는 몇몇 땅이름과 마을 유래가 전부였다. 그것도 왜곡되고 잘못 기술된 것이 많아 답사를 하면서 일일이 확인하고 다시 정리해야 했다. 그 외에 주민센터 홈페이지에 올라 있는 동의 면적과 규모, 인구 현황 말고는 구할 수 있는 자료가 거의 없었다.

우리가 알고 싶었던, 마을에 살고 있는 식물과 동물, 지질, 지형 등 마을의 자연환경에 대한 자료와 마을의 역사 문화 자료, 마을 사람들의 삶이 녹아든 생활사 자료 등은 꿈도 꾸지 못하였다. 그래서 우리가 직접 마을 지도와 수첩, 사진기와 녹음기를 들고 마을을 답사하고 기록하여 마을과 관련된 자연사, 역사, 민속, 마을 사람들의 이야기 등을 자료로 만들기로 하였다. 가장 먼저 우리 동네의 규모와 범위를 알기 위해 경계 답사를 나섰다.

"아! 우리 마을이 이렇게 생겼구나. 이제 우리 마을이 어디인지 조금이나마 알겠어요."

답사를 마치고 뿌듯해하던 서 선생의 말처럼 지도를 들고 두 발로 직접 걸어서 우리 동의 크기는 얼마나 되는지 무엇이 있는지 찾아보고, 이웃한 동네가 어디인지 확인해본 경계 답사는 마을을 새롭게 이해하고 받아들이는 시작이었다.

작은 골목을 따라 동의 경계가 나뉘는 곳에서 "왜 여기가 모충동과 경계이지. 예전엔 어땠을까?", "어, 왜 여기서 골목이 꺾여서 경계가 된 거야. 여기에 무엇이 있었을까?" 답사 내내 궁금증과 상상이 끝도 없이 펼쳐졌다. 나중에 토박이 어른들에게 확인해보니 경계가 된 골목은 대부분 작은 도랑이거나 하천이었다.

그리고 우리가 사는 마을과 도시를 지리적으로 파악하는 조망과 마을의 자연사를 살펴보는 나들이로 이어졌다. 우리 동네 뒷산인 매봉산과 잠두봉에 올라가 동네를 둘러싸고 흐르는 산줄기를 확인했을 때 내가 사는 마을과 청주를 지리적으로 새롭게 알게 되어 기뻤다. 자연스럽게 우리의 관심은 동네를 넘어 청주 전체까지 확대되었다. 그래서 청주 전체를 볼 수 있는 것대산에 올라 청주 전체를 바라보기도 했다.

나들이는 지속되어 마을의 생태환경과 식생을 계절의 변화에 따라 확인하여 기록하고 사진으로 담고 있다. 그리고 매봉산의 노두를 찾아보고 우리 마을 땅의 역사를 공부하고 있다.

우리의 궁금증은 자연환경에서 점차 마을의 역사, 민속, 마을 사람들의 이야기로 이어졌다. 먼저 수곡동의 지명지를 찾아보았는데 딱딱하고 재미없었을 뿐만 아니라 문헌에 따라 내용이 다른 것도 있었다. 그래서 마을에서 오래 산 토박이를 찾아 마을의 옛 땅이름과 모습, 변천 과정, 그 속에서 살았던 사람들의 이야기를 들어보기로 하였다. 다행히 공부 모임에 참여한 한울이 아빠가 토박이라 수곡동 이야기를 들려주실 아저씨를 쉽게 만날 수 있었다.

"내가 뭐 아는 게 있다고 나 같은 사람한테 배우려고 해."

"마을에 대해 알고 싶어서요. 기억하고 계시는 예전 동네 모습과 어릴 적 놀았던 이야기, 마을 사람들이 먹고살았던 이야기, 동네와 장소, 사람들에 대한 추억, 그런 이야기 좀 들려주세요."

"그런 거라면야 뭐. 내가 어릴 때부터 많이 돌아다녀서 우리 동네는 잘 알지."

처음엔 어색하고 부담스러워했지만, 당신의 기억과 살아온 이야기를 들려달라는 말에 굳은 표정을 풀고 바로 자리를 털고 일어나 마을 구석구석을 안내해주었다.

"여긴 논 한가운데였는데, 샘터가 있었어. 물이 아주 차서 여름이면 동네 사람들이 밤에 목욕하던 곳이야. 이 물로 등목하면 땀띠가 다 들어가, 옻 오른 데도 좋고. 남녀가 시간을 정해 사용했는데 샘 주위에 나무 울타리를 쳐서 저기 길에서 보면 안 보이게 만들었어."

"예전엔 마을길은 어디로 났어요."

"길은 여기로 났었어. 이리로 쭉 올라가면 동네 중심이 나오지. 내가 살던 새터말이야. 그리고 새터말을 지나 올라가면 숙골이 나와."

"숙골이요?"

"지금 주공 1단지가 숙골이야."

"그럼 숙골 방죽은 어디 있었어요?"

"한솔초 근처였는데. 같이 가보자고."

마을을 안내하는 아저씨는 신이 났고 예전 생각이 나는 듯 아련한 표정을 짓기도 하였다. 나도 아저씨의 어린 시절로 돌아가서 수곡동 여기저기를 다니는 것 같아 덩달아 즐거웠다. 그동안 우리 동네에 대해 궁금했던 것이 하나둘씩 풀려가자 흥분이 되었다.

그 뒤 계속해서 함께 마을 답사를 하면서 우리는 무척 친해졌다. 아저씨의 소개로 많은 토박이 분들을 만났다. 그분들을 통해 숙골 방죽의 위치와 크기, 마을 공동 우물 자리, 상엿집, 서낭당 자리, 다른 마을과 이어주던 고개 등 옛 땅이름과 수곡동의 자연 마을을 복원할 수 있었다.

"여기가 장터고개야. 여기를 통해서 숙골, 무터골 사람들이 장에 갔어, 저기 산남동의 원흥이, 탑골 사람들도 이리로 다녔어."

"무터골은 골이 깊어 사는 게 힘들었어. 부쳐 먹을 땅도 없잖아. 그래서 거기 사람들 마방을 하고 살았어. 우시장에서 못 판 소를 데려와 다음 장날까지 대신 길러주는 게 마방이여. 그땐 그렇게 먹고살았어. 힘들게 살았지."

"우리 때는 다 남성학교에 다녔어. 학교 가려면 꼭 새터말을 거쳐 가야 했지."

"방죽 아래 도랑에 고기가 많았지, 여름이면 잡아서 동네서 천렵하고 그랬어. 꼬맹이들은 도랑에서 물장구 치고, 조금 큰 놈들은 명장골 방죽에서 놀았지. 중학생들은 무심천 나가서 놀았고."

"숙골하고 무터골은 개발로 동네가 없어졌어. 거기 사람들이 보상받아 이주한 곳이 수곡중학교 앞 새 동네야. 고향 떠나는 게 어디 쉽나. 그러니 가까운 곳으로 이주한 거지."

수곡동에서 오랫동안 살았던 분들을 만나며 나온 이야기들은 지명지에서 보는 딱딱하고 죽어 있는 자료가 아니라 수곡동 사람들의 삶이 고스란히 묻어나는 살아 있는 자료가 되었다.

내가 수곡동에 산 지 12년이 되었고 이러저러한 동네일에 참여하고는 있었지만 수곡동은 늘 낯선 곳이었다. 고향과 같은 진한 향수와 애착을 느끼지 못했다. 그런데 올 한해 마을을 공부하면서 내가 사는 이곳 수곡동이 두 번째 고향이 되었다. 토박이 아저씨의 이야기를 들으며 마을을 알아가는 만큼 어린 시절 고향의 추억이 겹쳐져 내 아이에게 "그 시절 아빠는 그랬어." 하고 이야기를 해주며 아이와 소통하는 소중한 경험을 했다. 뿐만 아니라 아이에게 고향을 만들어주는 것 같아 뿌듯했다. 이제부터는 내 아이뿐만 아니라 모든 마을 아이들과 이웃들과 함께 나눌 수 있기를 꿈꿔본다.

삶의 행복을 꿈꾸는 교육은 어디에서 오는가?

● **교육혁명을 앞당기는 배움책 이야기** 혁신교육의 철학과 잉걸진 미래를 만나다!

한국교육연구네트워크 총서

 01 핀란드 교육혁명
한국교육연구네트워크 엮음 | 320쪽 | 값 15,000원

 02 일제고사를 넘어서
한국교육연구네트워크 엮음 | 284쪽 | 값 13,000원

 03 새로운 사회를 여는 교육혁명
한국교육연구네트워크 엮음 | 380쪽 | 값 17,000원

 04 교장제도 혁명
한국교육연구네트워크 엮음 | 268쪽 | 값 14,000원

 05 새로운 사회를 여는 교육자치 혁명
한국교육연구네트워크 엮음 | 312쪽 | 값 15,000원

 06 혁신학교에 대한 교육학적 성찰
한국교육연구네트워크 엮음 | 308쪽 | 값 15,000원

 07 진보주의 교육의 세계적 동향
한국교육연구네트워크 엮음 | 324쪽 | 값 17,000원
2018 세종도서 학술부문

 08 더 나은 세상을 위한 학교혁명
한국교육연구네트워크 엮음 | 404쪽 | 값 21,000원
2018 세종도서 교양부문

 09 비판적 실천을 위한 교육학
이윤미 외 지음 | 448쪽 | 값 23,000원
2019 세종도서 학술부문

 **10 마을교육공동체운동:
세계적 동향과 전망**
심성보 외 지음 | 376쪽 | 값 18,000원

한국교육연구네트워크 번역 총서

 01 프레이리와 교육
존 엘리아스 지음 | 한국교육연구네트워크 옮김
276쪽 | 값 14,000원

 02 교육은 사회를 바꿀 수 있을까?
마이클 애플 지음 | 강희룡·김선우·박원순·이형빈 옮김
356쪽 | 값 16,000원

 **03 비판적 페다고지는
세상을 변화시킬 수 있는가?**
Seewha Cho 지음 | 심성보·조시화 옮김
280쪽 | 값 14,000원

 04 마이클 애플의 민주학교
마이클 애플·제임스 빈 엮음 | 강희룡 옮김
276쪽 | 값 14,000원

 05 21세기 교육과 민주주의
넬 나딩스 지음 | 심성보 옮김 | 392쪽 | 값 18,000원

 **06 세계교육개혁:
민영화 우선인가 공적 투자 강화인가?**
린다 달링-해먼드 외 지음 | 심성보 외 옮김 | 408쪽 | 값 21,000원

 07 콩도르세, 공교육에 관한 다섯 논문
니콜라 드 콩도르세 지음 | 이주환 옮김
300쪽 | 값 16,000원

 08 학교를 변론하다
얀 마스켈라인 • 마틴 시몬스 지음 | 윤선인 옮김
252쪽 | 값 15,000원

 혁신학교
성열관·이순철 지음 | 224쪽 | 값 12,000원

 행복한 혁신학교 만들기
초등교육과정연구모임 지음 | 264쪽 | 값 13,000원

 서울형 혁신학교 이야기
이부영 지음 | 320쪽 | 값 15,000원

 혁신교육, 철학을 만나다
브렌트 데이비스·데니스 수마라 지음
현인철·서용선 옮김 | 304쪽 | 값 15,000원

 대한민국 교사, 어떻게 가르칠 것인가?
윤성관 지음 | 320쪽 | 값 15,000원

 아이들을 어떻게 가르칠 것인가
사토 마나부 지음 | 박찬영 옮김 | 232쪽 | 값 13,000원

 모두를 위한 국제이해교육
한국국제이해교육학회 지음 | 364쪽 | 값 16,000원

경쟁을 넘어 발달 교육으로
현광일 지음 | 288쪽 | 값 14,000원

● 비고츠키 선집 시리즈 발달과 협력의 교육학 어떻게 읽을 것인가?

 생각과 말
레프 세묘노비치 비고츠키 지음
배희철·김용호·D. 켈로그 옮김 | 690쪽 | 값 33,000원

 도구와 기호
비고츠키·루리야 지음 | 비고츠키 연구회 옮김
336쪽 | 값 16,000원

 어린이 자기행동숙달의 역사와 발달 I
L.S. 비고츠키 지음 | 비고츠키 연구회 옮김
564쪽 | 값 28,000원

 어린이 자기행동숙달의 역사와 발달 II
L.S. 비고츠키 지음 | 비고츠키 연구회 옮김
552쪽 | 값 28,000원

 어린이의 상상과 창조
L.S. 비고츠키 지음 | 비고츠키 연구회 옮김
280쪽 | 값 15,000원

 비고츠키와 인지 발달의 비밀
A.R. 루리야 지음 | 배희철 옮김 | 280쪽 | 값 15,000원

 수업과 수업 사이
비고츠키 연구회 지음 | 196쪽 | 값 12,000원

 비고츠키의 발달교육이란 무엇인가?
비고츠키교육학실천연구모임 지음 | 412쪽 | 값 21,000원

 비고츠키 철학으로 본 핀란드 교육과정
배희철 지음 | 456쪽 | 값 23,000원

 성장과 분화
L.S. 비고츠키 지음 | 비고츠키 연구회 옮김
308쪽 | 값 15,000원

 연령과 위기
L.S. 비고츠키 지음 | 비고츠키 연구회 옮김
336쪽 | 값 17,000원

 의식과 숙달
L.S 비고츠키 | 비고츠키 연구회 옮김
348쪽 | 값 17,000원

 분열과 사랑
L.S. 비고츠키 지음 | 비고츠키 연구회 옮김
260쪽 | 값 16,000원

 성애와 갈등
L.S. 비고츠키 지음 | 비고츠키 연구회 옮김
268쪽 | 값 17,000원

 흥미와 개념
L.S. 비고츠키 지음 | 비고츠키 연구회 옮김
408쪽 | 값 21,000원

 관계의 교육학, 비고츠키
진보교육연구소 비고츠키교육학실천연구모임 지음
300쪽 | 값 15,000원

 비고츠키 생각과 말 쉽게 읽기
진보교육연구소 비고츠키교육학실천연구모임 지음
316쪽 | 값 15,000원

 교사와 부모를 위한 비고츠키 교육학
카르포프 지음 | 실천교사번역팀 옮김
308쪽 | 값 15,000원

 혁신교육 존 듀이에게 묻다
서용선 지음 | 292쪽 | 값 14,000원

 다시 읽는 조선 교육사
이만규 지음 | 750쪽 | 값 33,000원

 대한민국 교육혁명
교육혁명공동행동 연구위원회 지음
224쪽 | 값 12,000원

 독일 교육, 왜 강한가?
박성희 지음 | 324쪽 | 값 15,000원

 핀란드 교육의 기적
한넬레 니에미 외 엮음 | 장수명 외 옮김
456쪽 | 값 23,000원

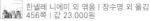 **한국 교육의 현실과 전망**
심성보 지음 | 724쪽 | 값 35,000원

4·16, 질문이 있는 교실 마주이야기 통합수업으로 혁신교육과정을 재구성하다!

통하는 공부
김태호·김형우·이경석·심우근·허진만 지음
324쪽 | 값 15,000원

내일 수업 어떻게 하지?
아이함께 지음 | 300쪽 | 값 15,000원
2015 세종도서 교양부문

인간 회복의 교육
성래운 지음 | 260쪽 | 값 13,000원

교과서 너머 교육과정 마주하기
이윤미 외 지음 | 368쪽 | 값 17,000원

수업 고수들
수업·교육과정·평가를 말하다
박현숙 외 지음 | 368쪽 | 값 17,000원

도덕 수업, 책으로 묻고 윤리로 답하다
울산도덕교사모임 지음 | 320쪽 | 값 15,000원

체육 교사, 수업을 말하다
전용진 지음 | 304쪽 | 값 15,000원

교실을 위한 프레이리
아이러 쇼어 엮음 | 사람대사람 옮김
412쪽 | 값 18,000원

마을교육공동체란 무엇인가?
서용선 외 지음 | 360쪽 | 값 17,000원

교사, 학교를 바꾸다
정진화 지음 | 372쪽 | 값 17,000원

함께 배움
학생 주도 배움 중심 수업 이렇게 한다
니시카와 준 지음 | 백경석 옮김 | 280쪽 | 값 15,000원

공교육은 왜?
홍섭근 지음 | 352쪽 | 값 16,000원

자기혁신과 공동의 성장을 위한
교사들의 필리버스터
윤양수·원종희·장군·조경삼 지음 | 280쪽 | 값 14,000원

함께 배움 이렇게 시작한다
니시카와 준 지음 | 백경석 옮김 | 196쪽 | 값 12,000원

함께 배움 교사의 말하기
니시카와 준 지음 | 백경석 옮김 | 188쪽 | 값 12,000원

교육과정 통합, 어떻게 할 것인가?
성열관 외 지음 | 192쪽 | 값 13,000원

미래교육의 열쇠, 창의적 문화교육
심광현·노명우·강정석 지음 | 368쪽 | 값 16,000원

주제통합수업,
아이들을 수업의 주인공으로!
이윤미 외 지음 | 392쪽 | 값 17,000원

수업과 교육의 지평을 확장하는 수업 비평
윤양수 지음 | 316쪽 | 값 15,000원
2014 문화체육관광부 우수교양도서

교사, 선생이 되다
김태은 외 지음 | 260쪽 | 값 13,000원

교사의 전문성, 어떻게 만들어지나
국제교원노조연맹 보고서 | 김석규 옮김
392쪽 | 값 17,000원

수업의 정치
윤양수·원종희·장군 지음 | 280쪽 | 값 14,000원

학교협동조합,
현장체험학습과 마을교육공동체를 잇다
주수원 외 지음 | 296쪽 | 값 15,000원

거꾸로 교실,
잠자는 아이들을 깨우는 수업의 비밀
이민경 지음 | 280쪽 | 값 14,000원

교사는 무엇으로 사는가
정은균 지음 | 292쪽 | 값 15,000원

마음의 힘을 기르는 감성수업
조선미 외 지음 | 300쪽 | 값 15,000원

작은 학교 아이들
지경준 엮음 | 376쪽 | 값 17,000원

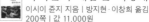
아이들의 배움은 어떻게 깊어지는가
이시이 준지 지음 | 방지현·이창희 옮김
200쪽 | 값 11,000원

대한민국 입시혁명
참교육연구소 입시연구팀 지음 | 220쪽 | 값 12,000원

교사를 세우는 교육과정
박승열 지음 | 312쪽 | 값 15,000원

전국 17명 교육감들과 나눈 교육 대담
최창의 대담·기록 | 272쪽 | 값 15,000원

들뢰즈와 가타리를 통해 유아교육 읽기
리세롯 마리엣 올슨 지음 | 이연선 외 옮김
328쪽 | 값 17,000원

학교 혁신의 길, 아이들에게 묻다
남궁상운 외 지음 | 272쪽 | 값 15,000원

 프레이리의 사상과 실천
사람대사람 지음 | 352쪽 | 값 18,000원
2018 세종도서 학술부문

 혁신학교, 한국 교육의 미래를 열다
송순재 외 지음 | 608쪽 | 값 30,000원

 페다고지를 위하여
프레네의『페다고지 불변요소』읽기
박찬영 지음 | 296쪽 | 값 15,000원

 노자와 탈현대 문명
홍승표 지음 | 284쪽 | 값 15,000원

 선생님, 민주시민교육이 뭐예요?
염경미 지음 | 244쪽 | 값 15,000원

 어쩌다 혁신학교
유우석 외 지음 | 380쪽 | 값 17,000원

 미래, 교육을 묻다
정광필 지음 | 232쪽 | 값 15,000원

대학, 협동조합으로 교육하라
박주희 외 지음 | 252쪽 | 값 15,000원

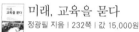

 입시, 어떻게 바꿀 것인가?
노기원 지음 | 306쪽 | 값 15,000원

 촛불시대, 혁신교육을 말하다
이용관 지음 | 240쪽 | 값 15,000원

 라운드 스터디
이시이 데루마사 외 엮음 | 224쪽 | 값 15,000원

 미래교육을 디자인하는 **학교교육과정**
박승열 외 지음 | 348쪽 | 값 18,000원

 흥미진진한 아일랜드 전환학년 이야기
제리 제퍼스 지음 | 최상덕·김호원 옮김 | 508쪽 | 값 27,000원
2019 대한민국학술원우수학술도서

 폭력 교실에 맞서는 용기
따돌림사회연구모임 학급운영팀 지음
272쪽 | 값 15,000원

 그래도 혁신학교
박은혜 외 지음 | 248쪽 | 값 15,000원

 학교는 어떤 공동체인가?
성열관 외 지음 | 228쪽 | 값 15,000원

 학교 민주주의의 불한당들
정은균 지음 | 276쪽 | 값 14,000원

 교육과정, 수업, 평가의 일체화
리사 카터 지음 | 박승열 외 옮김 | 196쪽 | 값 13,000원

 학교를 개선하는 교장
지속가능한 학교 혁신을 위한 실천 전략
마이클 풀란 지음 | 서동연·정효준 옮김 | 216쪽 | 값 13,000원

 공자던, 논어는 이것이다
유문상 지음 | 392쪽 | 값 18,000원

 교사와 부모를 위한
발달교육이란 무엇인가?
현광일 지음 | 380쪽 | 값 18,000원

 교사, 이오덕에게 길을 묻다
이무완 지음 | 328쪽 | 값 15,000원

 낙오자 없는 스웨덴 교육
레이프 스트란드베리 지음 | 변광수 옮김
208쪽 | 값 13,000원

 끝나지 않은 마지막 수업
장석웅 지음 | 328쪽 | 값 20,000원

 경기꿈의학교
진흥섭 외 지음 | 360쪽 | 값 17,000원

 학교를 말한다
이성우 지음 | 292쪽 | 값 15,000원

 행복도시 세종,
혁신교육으로 디자인하다
곽순일 외 지음 | 392쪽 | 값 18,000원

 나는 거꾸로 교실 거꾸로 교사
류광모·임정훈 지음 | 212쪽 | 값 13,000원

 교실 속으로 간 **이해중심 교육과정**
온정덕 외 지음 | 224쪽 | 값 13,000원

 교실, 평화를 말하다
따돌림사회연구모임 초등우정팀 지음
268쪽 | 값 15,000원

 학교자율운영 2.0
김용 지음 | 240쪽 | 값 15,000원

 학교자치를 부탁해
유우석 외 지음 | 252쪽 | 값 15,000원

 국제이해교육 페다고지
강순원 외 지음 | 256쪽 | 값 15,000원

교사 전쟁
다나 골드스타인 지음 | 유성상 외 옮김
468쪽 | 값 23,000원

 시민, 학교에 가다
최형규 지음 | 260쪽 | 값 15,000원

 학교를 살리는 회복적 생활교육
김민자·이순영·정선영 지음 | 256쪽 | 값 15,000원

 교사를 위한 교육학 강의
이형빈 지음 | 336쪽 | 값 17,000원

 새로운학교 학생을 날게 하다
새로운학교네트워크 총서 02 | 408쪽 | 값 20,000원

 세월호가 묻고 교육이 답하다
경기도교육연구원 지음 | 214쪽 | 값 13,000원

 미래교육, 어떻게 만들어갈 것인가?
송기상·김성천 지음 | 300쪽 | 값 16,000원
2019 세종도서 교양부문

 교육에 대한 오해
우문영 지음 | 224쪽 | 값 15,000원

 혁신교육지구 현장을 가다
이용운 외 4인 지음 | 344쪽 | 값 18,000원

 배움의 독립선언, 평생학습
정민승 지음 | 240쪽 | 값 15,000원

 선생님, 페미니즘이 뭐예요?
염경미 지음 | 280쪽 | 값 15,000원

 평화의 교육과정 섬김의 리더십
이준원·이형빈 지음 | 292쪽 | 값 16,000원

 수포자의 시대
김성수·이형빈 지음 | 252쪽 | 값 15,000원

 혁신학교와 실천적 교육과정
신은희 지음 | 236쪽 | 값 15,000원

 삶의 시간을 잇는 문화예술교육
고영직 지음 | 292쪽 | 값 16,000원

 혐오, 교실에 들어오다
이혜정 외 지음 | 232쪽 | 값 15,000원

 혁신교육지구와 마을교육공동체는 어떻게 만들어지는가?
김태정 지음 | 376쪽 | 값 18,000원

 선생님, 특성화고 자기소개서 어떻게 써요?
이지영 지음 | 322쪽 | 값 17,000원

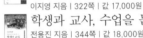 **학생과 교사, 수업을 묻다**
전용진 지음 | 344쪽 | 값 18,000원

 혁신학교의 꽃, 교육과정 다시 그리기
안재일 지음 | 344쪽 | 값 18,000원

● **살림터 참교육 문예 시리즈** 영혼이 있는 삶을 가르치는 온 선생님을 만나다!

 꽃보다 귀한 우리 아이는
조재도 지음 | 244쪽 | 값 12,000원

 성깔 있는 나무들
최은숙 지음 | 244쪽 | 값 12,000원

 아이들에게 세상을 배웠네
명혜정 지음 | 240쪽 | 값 12,000원

 밥상에서 세상으로
김흥숙 지음 | 280쪽 | 값 13,000원

 우물쭈물하다 끝난 교사 이야기
유기창 지음 | 380쪽 | 값 17,000원

 선생님이 먼저 때렸는데요
강병철 지음 | 248쪽 | 값 12,000원

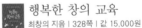 **서울 여자, 시골 선생님 되다**
조경선 지음 | 252쪽 | 값 12,000원

 **행복한 창의 교육**
최창의 지음 | 328쪽 | 값 15,000원

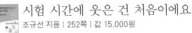 **북유럽 교육 기행**
정애경 외 14인 지음 | 288쪽 | 값 14,000원

시험 시간에 웃은 건 처음이에요
조규선 지음 | 252쪽 | 값 15,000원

교과서 밖에서 만나는 역사 교실 상식이 통하는 살아 있는 역사를 만나다

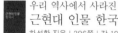

● 더불어 사는 정의로운 세상을 여는 인문사회과학 사람의 존엄과 평등의 가치를 배운다

밥상혁명
강양구·강이현 지음 | 298쪽 | 값 13,800원

도덕 교과서 무엇이 문제인가?
김대용 지음 | 272쪽 | 값 14,000원

자율주의와 진보교육
조엘 스프링 지음 | 심성보 옮김 | 320쪽 | 값 15,000원

민주화 이후의 공동체 교육
심성보 지음 | 392쪽 | 값 15,000원
2009 문화체육관광부 우수학술도서

갈등을 넘어 협력 사회로
이창언·오수길·유문종·신윤관 지음
280쪽 | 값 15,000원

동양사상과 마음교육
정재걸 외 지음 | 356쪽 | 값 16,000원
2015 세종도서 학술부문

교과서 밖에서 배우는 철학 공부
정은교 지음 | 280쪽 | 값 14,000원

교과서 밖에서 배우는 사회 공부
정은교 지음 | 304쪽 | 값 15,000원

교과서 밖에서 배우는 윤리 공부
정은교 지음 | 292쪽 | 값 15,000원

한글 혁명
김슬옹 지음 | 388쪽 | 값 18,000원

우리 안의 미래교육
정재걸 지음 | 484쪽 | 값 25,000원

왜 그는 한국으로 돌아왔는가?
황선준 지음 | 364쪽 | 값 17,000원
2019 세종도서 교양부문

공간, 문화, 정치의 생태학
현광일 지음 | 232쪽 | 값 15,000원

인공지능 시대의 사회학적 상상력
홍승표 지음 | 260쪽 | 값 15,000원

동양사상과 인간 그리고 사회
이현지 지음 | 418쪽 | 값 21,000원

좌우지간 인권이다
안경환 지음 | 288쪽 | 값 13,000원

민주시민교육
심성보 지음 | 544쪽 | 값 25,000원

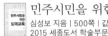
민주시민을 위한 도덕교육
심성보 지음 | 500쪽 | 값 25,000원
2015 세종도서 학술부문

교과서 밖에서 배우는 인문학 공부
정은교 지음 | 280쪽 | 값 13,000원

오래된 미래교육
정재걸 지음 | 392쪽 | 값 18,000원

대한민국 의료혁명
전국보건의료산업노동조합 엮음 | 548쪽 | 값 25,000원

교과서 밖에서 배우는 고전 공부
정은교 지음 | 288쪽 | 값 14,000원

전체 안의 전체 사고 속의 사고
김우창의 인문학을 읽다
현광일 지음 | 320쪽 | 값 15,000원

카스트로, 종교를 말하다
피델 카스트로·프레이 베토 대담 | 조세종 옮김
420쪽 | 값 21,000원

일제강점기 한국철학
이태우 지음 | 448쪽 | 값 25,000원

한국 교육 제4의 길을 찾다
이길상 지음 | 400쪽 | 값 21,000원
2019 세종도서 학술부문

마을교육공동체 생태적 의미와 실천
김용련 지음 | 256쪽 | 값 15,000원

교육과정에서 왜 지식이 중요한가
심성보 지음 | 440쪽 | 값 23,000원

식물에게서 교육을 배우다
이차영 지음 | 260쪽 | 값 15,000원

● 평화샘 프로젝트 매뉴얼 시리즈 학교폭력에 대한 근본적인 예방과 대책을 찾는다

학교폭력 어떻게 만들어지는가
문재현 외 지음 | 300쪽 | 값 14,000원

아이들을 살리는 동네
문재현·신동명·김수동 지음 | 204쪽 | 값 10,000원

학교폭력, 멈춰!
문재현 외 지음 | 348쪽 | 값 15,000원

평화! 행복한 학교의 시작
문재현 외 지음 | 252쪽 | 값 12,000원

왕따, 이렇게 해결할 수 있다
문재현 외 지음 | 236쪽 | 값 12,000원

마을에 배움의 길이 있다
문재현 지음 | 208쪽 | 값 10,000원

젊은 부모를 위한 백만 년의 육아 슬기
문재현 지음 | 248쪽 | 값 13,000원

별자리, 인류의 이야기 주머니
문재현·문한뫼 지음 | 444쪽 | 값 20,000원

우리는 마을에 산다
유양우·신동명·김수동·문재현 지음
312쪽 | 값 15,000원

동생아, 우리 뭐 하고 놀까?
문재현 외 지음 | 280쪽 | 값 15,000원

누가, 학교폭력 해결을 가로막는가?
문재현 외 지음 | 312쪽 | 값 15,000원

● 남북이 하나 되는 두물머리 평화교육 분단 극복을 위한 치열한 배움과 실천을 만나다

10년 후 통일
정동영·지승호 지음 | 328쪽 | 값 15,000원

선생님, 통일이 뭐예요?
정경호 지음 | 252쪽 | 값 13,000원

분단시대의 통일교육
성래운 지음 | 428쪽 | 값 18,000원

김창환 교수의 DMZ 지리 이야기
김창환 지음 | 264쪽 | 값 15,000원

한반도 평화교육 어떻게 할 것인가
이기범 외 지음 | 252쪽 | 값 15,000원

● 창의적인 협력 수업을 지향하는 삶이 있는 국어 교실 우리말 글을 배우며 세상을 배운다

중학교 국어 수업
어떻게 할 것인가?
김미경 지음 | 340쪽 | 값 15,000원

토론의 숲에서 나를 만나다
명혜정 엮음 | 312쪽 | 값 15,000원

토닥토닥 토론해요
명혜정·이명선·조선미 엮음 | 288쪽 | 값 15,000원

인문학의 숲을 거니는 토론 수업
순천국어교사모임 엮음 | 308쪽 | 값 15,000원

어린이와 시
오인태 지음 | 192쪽 | 값 12,000원

수업, 슬로리딩과 함께
박경숙 외 지음 | 268쪽 | 값 15,000원

언어던
정은균 지음 | 268쪽 | 값 15,000원
2019 세종도서 교양부문

민촌 이기영 평전
이성렬 지음 | 508쪽 | 값 20,000원

감각의 갱신, 화장하는 인민
남북문학예술연구회 | 380쪽 | 값 19,000원

참된 삶과 교육에 관한
생각 줍기